基礎から学ぶ!

スポーツ栄養学

鈴木志保子 著
神奈川県立保健福祉大学准教授

ベースボール・マガジン社

はじめに

スポーツ栄養という言葉が、一般的に使われるようになりました。スポーツ現場が、科学を積極的に活用するのに伴い、競技力向上のためにアスリートに対する栄養・食事の管理や指導も積極的に行われるようになりました。しかし、まだまだ、正確に情報を捉えて活用しているというよりも、都合のよいところをつまみ食いした活用をしていることも多く、そのための弊害が気になる時も多々あります。ぜひ、この本から、正確にスポーツ栄養の知識やスキルを習得し、利用してほしいと思います。

一般的なスポーツ栄養の本の多くは、すぐに活用できるアスリートに必要な知識やスキルを提供しています。しかし、アスリートの指導をするたびに、栄養学についての基礎的な知識がなくては、スポーツ栄養学の知識が利用できないと感じていました。この本は、栄養学の基礎からスポーツ栄養学まで網羅したものです。さらに、私のさまざまな経験を散りばめました。アスリート、指導者、保護者の皆さんが、知りたいと思っていることをできる限り取り上げました。

私がスポーツ現場でスポーツ栄養を実践する前に、研究のために陸上選手の合宿先を何度か訪問したときに垣間見たアスリートの食事は目を疑うものでした。揚げ物を一切食べない。衣をはぐ。ご飯は、太るので半膳しか食べない。甘いものは敵だ。そこでは、私の常識は、陸上界の非常識のようであると感じました。私の常識でアスリートを育てたならば、強いアスリートを育てることができないのだろうか？　と疑問を持っていました。

その後、スポーツ現場で、スポーツ栄養の第一歩を踏み出したのは、約15年前です。そのチャンスを作ってくださったのは、女子美術大学の石田良恵先生です。スポーツの現場に私を受け入れてくださったのは、京都産業大学の陸上部中・長距離部門監督の伊東輝雄先生です。私のスポーツ栄養は、陸上の中・長距離女子選手のサポートから始まりました。といっても、サポートをしているといえるようになったのは、かかわってから１年が過ぎてからだったと思います。最初に伊東先生から、「あんたは専門家なんだからしっかりやってくださいね！」「鍍金（メッキ）は、はげまっせ！最初から素で勝負しなはれ」とだけ言われました。この言葉は、サポート経験がなく自信のない私に対する監督からの最初のアドバイスでした。今でも、この言葉を大切にしています。それから、鹿屋体育大学に赴任するまでの約７年間で、私は、スポーツ栄養の基礎を固めました。このときの経験がなければ、今の私はありません。５年前、伊東先生に「そろそろ、本にして出してくれないか。選手に読ませたいし、授業で使いたいんや！」と言われました。この本で、やっと、伊東先生に一つ目の恩返しができます。さらに、鹿屋体育大学から現在に至るまでに出会った多くのアスリート、指導者、スポーツ関係者の方々から教えていただいたこと、経験させていただいたことをこの本に詰め込みました。この本は、私にできるその方たちへの恩返しでもあります。

スポーツ栄養学は、アスリートの数だけ存在します。アスリート一人ひとりの身体、心、目的に合わせて、すべて違います。この本を読むときには、アスリートは自分に置き換えて、指導者は選手を思い浮かべて、本の内容を見つめて、感じてほしいと思います。知識やスキルを正しく理解してから、自分に合ったものに作り変えて活用していくことは大歓迎です。

私は、アスリートへのサポートを行うとき、アスリートが納得して実践できるように指導・支援することを信念としています。この本も、同じ信念のもと、書き上げました。この本を多くの皆さんに活用していただけることを心から祈っています。

鈴木志保子

Contents 目次 基礎から学ぶ! スポーツ栄養学

デザイン／CHICKS
カバー撮影／小河原友信
イラスト／ニューロック木綿子
編集協力／吉田　渓
協力／コーチング・クリニック編集部

本書の使い方

本書は、通読することによって、スポーツ栄養学に関する知識を基礎から学んでいけるように構成していますが、目的に応じて1つの章だけを選んで読む、あるいは各章をランダムに読み進めるなどの方法でも、理解できるように編集してます。

皆さんの目的や理解度に合わせて、自由に活用してください。

各章の主な内容

第1章 栄養素と食品の基礎知識

→ 食事を考えるうえで知っておくべき栄養素と食品の基礎知識を紹介しています。

第2章 身体のしくみ

→ 食べたものが体内で分解・利用される過程を中心に、身体のしくみを紹介しています。

第3章 エネルギー代謝

→ 食物から得たエネルギーが、体内でどのように使われているか、代謝のメカニズムを紹介しています。

第4章 コンディショニングのための栄養

→ よりよいコンディションでスポーツを行うために必要なスポーツ栄養学の知識を紹介しています。

第5章 競技力向上のための栄養

→ より競技力を高めていくために必要とされるスポーツ栄養学の知識を紹介しています。

第6章 世代別にみるスポーツ栄養の考え方と栄養サポートとのかかわり方

→ 各世代で望まれるスポーツ栄養の考え方や留意点、栄養サポートとのかかわり方を紹介しています。

こんな目的の人は、こう読んでみよう!

●きちんと基礎から学びたい人

→ 1章から順に読み進めていきましょう!

●すぐに役立つ知識が欲しい人

→ まず4～6章を読んで、自分が必要としている知識をゲットしましょう。その上で1～3章を読めば、基礎からきちんと理解することができます。

●知っていることが断片的という人

→ まず自分に不足している知識が紹介されている章や、目次を見て興味をもった章を読んでみましょう。さらに全体を読むと、今もっている知識が整理され、スポーツ栄養学全体を系統立てて理解することができます。

第 1 章

栄養素と食品の基礎知識

食事を考える上で、まず知っておかなければならないのが食品と栄養素。
なぜなら、食事は食品によって構成され、その食品を構成しているのが栄養素だからだ。
ここでは、栄養素と食品の基礎知識を、しっかり理解しよう。

1 栄養素

① 栄養素の種類

私たちは、食品からエネルギーや栄養素を摂取して、生命維持や身体活動を行っている。

栄養素は大きく5つに分けることができる。これを五大栄養素といい、表1に示すように、糖質、脂質、タンパク質といったエネルギー源になる三大栄養素に、微量栄養素といわれるビタミンとミネラルが加わる。また、五大栄養素以外にも、水や食物繊維など、食物中に含まれている生体にとって必要な栄養素がある。

表1 栄養素の種類

五大栄養素

その他

- 三大栄養素
  - 糖質（P14～）
    - 単糖類
    - 二糖類
    - 多糖類
  - 脂質（P17～）
    - 単純脂質
    - 複合脂質
    - 誘導脂質
  - タンパク質（P21～）
    - 必須アミノ酸
    - 非必須アミノ酸
- 微量栄養素
  - ビタミン（P24～）
    - 水溶性ビタミン
    - 脂溶性ビタミン
  - ミネラル（P29～）
    - マクロミネラル
    - ミクロミネラル
- 食物繊維（P16～）
  - 不溶性食物繊維
  - 水溶性食物繊維
- 水（P140～）

1 栄養素

2 炭水化物

1 炭水化物の種類

炭水化物は、構造上、糖質と食物繊維とに分けられるが、体内では、まったく異なる働きをする。栄養学では、エネルギー源になる糖質とエネルギー源にならない食物繊維を区別して表現し、例えば1つの食品の中に糖質と食物繊維の両方が存在する場合に炭水化物と表現することが多い。

糖質は、単糖類、二糖類、多糖類に分類される。単糖類は、グルコース（ブドウ糖）やフルクトース（果糖）などのこれ以上分解できない状態（吸収されるまでに消化された状態）、すなわち糖質の最小単位。二糖類は、スクロース（ショ糖、一般的にいう砂糖）、ラクトース（乳糖）、マルトース（麦芽糖）などの単糖類が2つ結合して構成されているもの。多糖類は、デンプンやグリコーゲンなど、多数の単糖類がグリコシド結合によって連なったものを指す（表2）。

糖質イコール「甘いもの」というイメージが強いが、実は砂糖など甘いもののほか、穀類の中にあるデンプンも糖質である。また、グリコーゲンは、人間の身体で作り、蓄えることのできるデンプンだ。

食物繊維には、水溶性食物繊維と不溶性食物繊維がある。水溶性食物繊維には海草やこんにゃくなどに多く含まれるペクチン、グルコマンナン、カラギーナン、アルギン酸などがある。これらの特徴は、ヌルヌルとした粘性と、保水性の高さ。不溶性食物繊維には、穀類、イモ類、豆類、野菜の中に含まれるリグニン、セルロース、ヘミセルロースなどがある。水に溶けにくく、水分を保持できるのが特徴だ。

食物繊維は構造上、糖質の多糖類の仲間だが、人の消化酵素では消化されないためエネルギー源にならない。

2 糖質の働き

❶エネルギー源

エネルギー源となる栄養素には、糖質、脂質、タンパク質があるが、糖質はそのなかで最も使いやすいエネルギーであり、体内で1gあたり4kcalのエネルギー源とな

表2 糖質の種類

単糖類	グルコース（ブドウ糖）、フルクトース（果糖）、ガラクトース、リボースなど
二糖類	スクロース（ショ糖）、ラクトース（乳糖）、マルトース（麦芽糖）
多糖類	デンプン、グリコーゲンなど

る。

食事から得られる糖質は成人で約300g。1日のエネルギー摂取量の約60%を占める。身体に入ると、グリコーゲンとして肝臓と筋肉に貯蔵されるが、その貯蔵量は肝臓で約100g、筋肉で約250gと限界があるため、過剰に摂取した糖質がグリコーゲンとして貯蔵されない場合は、脂肪組織でトリグリセリド（中性脂肪）に変換されて貯蔵される。

❷血糖値の維持

血液中のグルコースを血糖、また、グルコースの濃度を血糖値という。血糖値は、空腹時は70～110mg/dl、食後には一過性で120～130mg/dlまで上昇するが、約2時間後には空腹のレベルまで戻る（図1）。血糖値は、一定の範囲で維持されており、その範囲を超えて高い値になると、糖尿病と診断される。

血糖を一定の範囲に維持するためにはホルモンが活躍する。血糖値を低下させる場合にはすい臓のランゲルハンス島β細胞からインスリンが働き、脂肪組織や筋肉へのグルコースの取り込みを促すなどして血糖を下げる。逆に血糖値を上昇させる場合には、すい臓のランゲルハンス島α細胞からグルカゴン、アドレナリン、ノルアドレナリン、成長ホルモン、副腎皮質ホルモンが働く。飢餓状態や長時間の運動による血糖値の低下の際には、これらのホルモンの作用や食事のほか、肝グリコーゲンを分解させたり、肝臓において糖新生（身体の中でブドウ糖を作り出すこと）させたりすることによって血糖を上昇させる。ちなみに、糖原性アミノ酸は、飢餓状態などの糖質の摂取が減少した時に、糖新生の材料となる。

私たちが生命を維持できるのは、脳、脂肪組織、筋肉、肝臓などの組織で、常に糖質の代謝が行われているためである。

❸その他の栄養素との関係

糖質を過剰摂取しても、グリコーゲンの貯蔵量が増えることはなく、過剰分は脂質に変換されエネルギー源として貯蔵される。しかし、脂質をグルコースに変換することはできない。

糖質の摂取が少ないと、エネルギー代謝

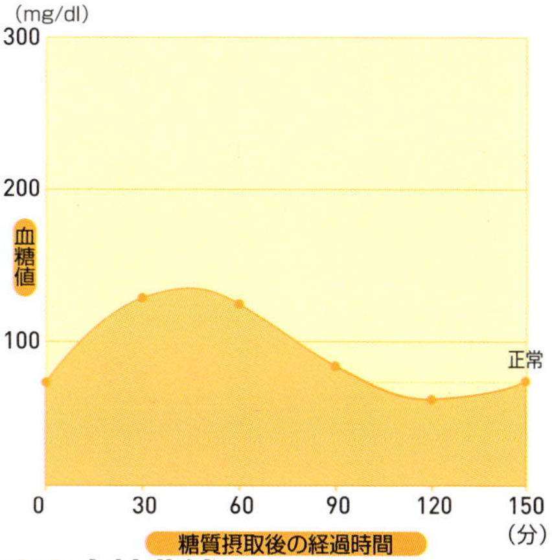

図1 血糖曲線

する上で、脂質からの脂肪酸を利用することが難しくなる。だからこそ、糖質の十分な供給は重要なのだ。また、糖質からのエネルギー代謝過程では、補酵素としてビタミンB_1、B_2、ナイアシン、パントテン酸などのビタミンB群が必要となる（P62〜、エネルギー代謝参照）。

3 食物繊維の働き

食物繊維は、消化・吸収されずに消化管を通過することで、水を吸ってかさを多くしたり、栄養素や栄養成分などに吸着したり、水に溶けた時に粘性を出したりするなど、さまざまな機能を発揮する。食物繊維の種類は多く、その種類によって、大腸がんの予防効果、便秘の解消や便秘による大腸憩室の予防、毒性吸収阻止、耐糖能の改善、食事性血糖上昇抑制効果、血清コレステロールの是正、腸内細菌による発酵などといった多様な生理作用を担っている。食物繊維の生理作用と摂取不足によって起こる疾患との関連は図２の通りである。

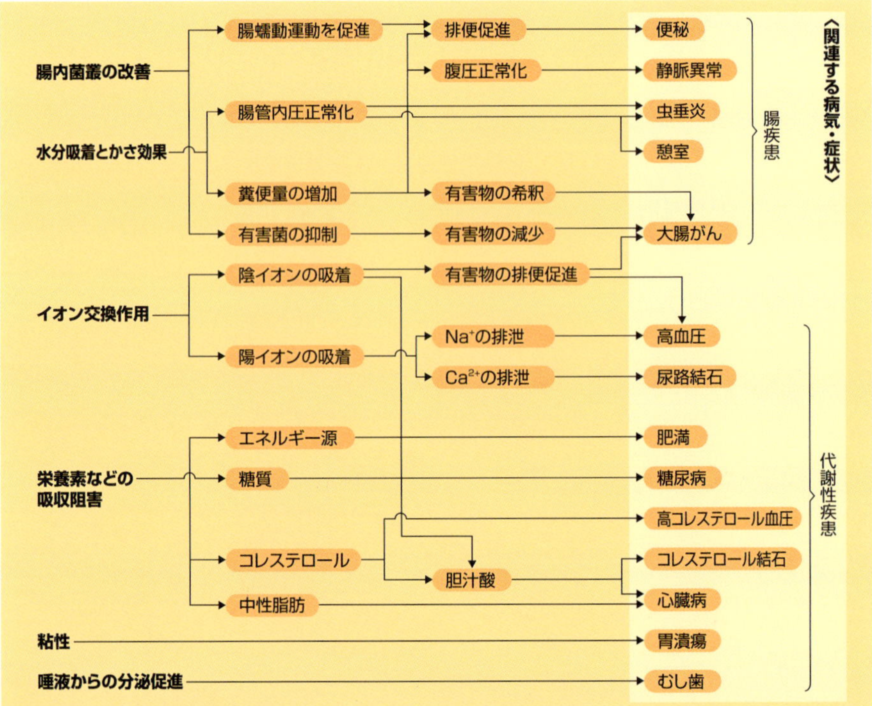

図２ 食物繊維の生理作用と摂取不足に関連する疾患 (Prosky.L.,et.al.,J.Assoc.of Anal. Chem.,67,1044,1984による)

③ 脂質

① 脂質の種類

脂質は、単純脂質、複合脂質、誘導脂質に分類できる（表3）。一般に中性脂肪を脂肪と呼び、脂肪酸の種類によって脂肪の性質に違いがある。

脂肪酸は、飽和脂肪酸と不飽和脂肪酸の2つに分類することができる。飽和脂肪酸は、動物性の脂肪に多く含まれ、常温では固体である。一方、不飽和脂肪酸は、常温では液体となり、構造上二重結合を持つ。二重結合の数が1つだと一価不飽和脂肪酸といい、これは植物性の脂肪に多く含まれる。二重結合が2つ以上なら多価不飽和脂肪酸といい、魚油に多く含まれる（表4）。

必須脂肪酸とは体内で合成できない脂肪酸で、多価不飽和脂肪酸のリノール酸、リノレン酸、アラキドン酸と、魚油に含まれるエイコサペンタエン酸、ドコサヘキサエン酸がある。

表3 脂質の種類

単純脂質	中性脂肪
複合脂質	リン脂質、糖脂質、リポプロテイン
誘導脂質	ステロイド、脂溶性ビタミン類、脂肪酸

表4 脂肪酸の種類

	脂肪酸	主な含有脂肪	主な食品
飽和脂肪酸	パルミチン酸 ステアリン酸	動物性脂肪	肉の脂身、バター、ラード
不飽和脂肪酸	オレイン酸 リノール酸 アラキドン酸 リノレン酸	植物性脂肪	オリーブ油、ゴマ油、サラダ油、紅花油
	エイコサペンタエン酸 ドコサヘキサエン酸	魚油	魚に含まれる脂

1 栄養素

2 脂質の働き

❶貯蔵脂肪

中性脂肪は、貯蔵脂肪皮下、腹腔、筋肉間結合組織などに蓄積される。脂肪は1gあたり9kcalのエネルギーを発生し、1gあたり4kcalの糖質やタンパク質に比べて、2倍以上のエネルギーとなる。身体は消化・吸収しやすい糖質を多く食べて、過剰な分を重さあたり2倍のエネルギーを持つ脂肪として蓄えることで、軽くて多くのエネルギーを貯蔵することができる。悪者扱いされがちな体脂肪だが、少なければ少ないほうがよいというのものではなく、適度な体脂肪は大切である。

❷機能性脂質

リン脂質、糖脂質、ステロールは、生体膜の構成成分として身体の隅々まで行きわたっている。また、脂肪は、脂溶性ビタミンの供給源になったり、腸管からの吸収を助けたりするといった役割を担う、身体にとって不可欠な栄養素でもある。私たちがお風呂に入っても溶けないのは、細胞膜が脂質でできているからだ。

❸ビタミンB_1の節約作用

脂質のエネルギー代謝においては、糖質のエネルギー代謝過程で使用される解糖系を使わないため、ビタミンB_1の必要量が少なくなる。

❹胃滞留時間の延長

胃での消化作用を抑制する作用がある脂質は、胃に滞留する時間が長い。このため、長時間空腹を感じさせない。

同じエネルギー量の食べ物を摂っても空腹感が違うのは、その食品、あるいは料理に含まれる脂質の量が影響しているからといえる。

❺多価不飽和脂肪酸

多価不飽和脂肪酸であり必須脂肪酸のアラキドン酸は、プロスタグランジンやロイコトリエンなどが体内で生成される前段階の生理活性物質である。多価不飽和脂肪酸が欠乏すると、皮膚炎、脱毛、腎変性が生じる。

❻身体の動きを滑らかにする

私たちの身体は、それぞれの組織や臓器を膜という袋に入れている。脂肪は、その袋と臓器の間に存在し、動きを滑らかにしている。

動きがぎすぎすしないようにするためにも、適度な脂肪は必要なのだ。

薄着でも
あたたかい
重くて
かさばるな～
脂肪10kg＝糖質20kg

同じ量のエネルギーを体内に貯蔵するとしたら、脂肪なら10kgと軽くて高機能である。一方、糖質は20kgと重くてかさばる。適度な脂肪は身体に必要なのだ

3 コレステロールの働き

食事からのコレステロールの摂取は、200～400mg／日である。それに対して体内での合成量は1000～1500mg／日で、体内での合成量のほうが多い。コレステロールは、生体膜の構成成分、肝臓における胆汁酸の生成、副腎皮質ホルモンや性ホルモンの生成材料として使われる。

ところで、コレステロールには、善玉と悪玉と呼ばれるものがある。しかし、両者は別物なのではなく、いわば乗る船とルートが違うのだ。ここでいう船とは、コレステロールが血液を流れる際に結合するリポタンパク質のことで５種類ある。例えば、HDLという船に乗ったコレステロールは末梢から肝臓に運ばれ、善玉コレステロールと呼ばれることになる。一方、LDLやVLDLという船に乗ったコレステロールは肝臓から末梢に運ばれるが、その際に血管壁に途中下車してしまうことがあるため、悪玉と呼ばれてしまうのだ。

コレステロールは重要な機能を果たしており、血中のコレステロール値が低すぎても問題となる。正常値は、範囲で示されており、下限が設定されている。しかし、血中コレステロール量が増加した場合、特にLDLコレステロールやVLDLコレステロールが増加した場合には、動脈硬化の原因となるため、過剰摂取は避けるほうがいい。

善玉と悪玉のコレステロールはまったくの別物なのではなく、乗る船とルートの違いによって区別される

④ タンパク質

① タンパク質の種類

タンパク質は、多数のアミノ酸がペプチド結合して構成されている高分子化合物である。アミノ酸は20種類あり、アミノ酸が2個以上結合したものをペプチド、一般に10個程度結合したペプチドをオリゴペプチド、それ以上をポリペプチドという。タンパク質はアミノ酸が80個程度かそれ以上、複雑に結合してできているため、絡まった糸のようになっている。

アミノ酸は、吸収されるまで分解した最小単位である。アミノ酸のうち、体内で合成されないもの、あるいは合成されてもそれが必要量に達しないために必ず食物から取り込まなくてはならないものを、必須アミノ酸という（表5）。必須アミノ酸のなかには構造上分岐が見られる分岐鎖アミノ酸（BCAA：バリン、ロイシン、イソロイシン）がある。また、体内で合成することができる非必須アミノ酸には、アルギニンやグルタミン酸などがある。

② タンパク質の働き

❶エネルギー源

タンパク質は、エネルギーとして利用された場合、1gあたり4kcalとなる。過剰に摂取すると、その分エネルギーとして蓄えることになる。つまり、タンパク質をたくさん食べても太らないというのは、誤った認識なのだ。

❷特異動的作用

食物を食べることによってエネルギー代謝が亢進《こうしん》することを特異動的作用（P71参照）というが、タンパク質は、糖質や脂質に比べ、特異動的作用が大きい。このため、食事のなかにタンパク質が少ない場合には、食後の熱産生が低くなる。

❸機能的役割

タンパク質には、生体内反応触媒である酵素、インスリン・グルカゴン・成長ホルモンなどのペプチド性ホルモン、またはヘ

表5 必須アミノ酸と非必須アミノ酸

必須アミノ酸	バリン、ロイシン、イソロイシン、スレオニン、リジン、メチオニン、フェニルアラニン、トリプトファン、ヒスチジン
非必須アミノ酸	グリシン、アラニン、セリン、アスパラギン酸、グルタミン酸、アスパラギン、グルタミン、アルギニン、システイン、チロシン、プロリン

モグロビン・リポタンパク質・トランスフェリンなどの物質運搬タンパク質、免疫グロブリン・フィブリノーゲンなどの生体防御反応への関与といった機能的役割がある。また、タンパク質は筋肉の材料となる以外にも重要な役割を担っている。ヘモグロビンが身体中の組織に酸素を運ぶ際は、鉄とタンパクでできた船に乗せて届けられる。つまり、ヘモグロビンを作るには、鉄だけではなく、タンパク質も必要なのだ。

❹構造的役割

タンパク質の構造的な役割としては、アクチンやミオシンの筋肉の構成成分になる、骨重量の約20%を占める骨と骨の結合部になる、皮膚、腱などに含まれるコラーゲンになる、靭帯などに含まれるエラスチン、毛、爪、皮膚などに含まれるケラチンになる、などが挙げられる。タンパク質であるコラーゲンは、コラーゲンとしてそのまま吸収されるのではなく、消化され、アミノ酸となって吸収される。

③ タンパク質の栄養価

❶窒《ちっ》素《そ》出納と窒素平衡

体内では、組織を構成するタンパク質が合成と分解を繰り返しており、アミノ酸のアミノ基は分解されて窒素（アンモニア）として放出される。また、食物から摂取したタンパク質のうち、過剰分は分解され窒素を放出する。このように体内の窒素は、ほとんどがタンパク質に由来している。

食事からの窒素の摂取量と、糞便や尿および汗による窒素の排泄量との差を窒素出納という。摂取した窒素量よりも排泄した窒素量のほうが少ない場合に、窒素出納が正であるとされるが、これは成長期や妊娠期、トレーニングなどによる筋肉の増加時、病後の回復期等に見られる。また、窒素の排泄量が摂取量を上回った場合には、窒素出納が負であるとされる。この状態は、飢餓状態、強制的安静状態、火傷・外傷を受けた際などに起こる。成人の場合、通常は窒素出納の収支バランスが取れた状態になっており、この状態を窒素平衡という。

❷アミノ酸スコア（アミノ酸価）

アミノ酸スコア（アミノ酸価）とは、食品中のタンパク質を必須アミノ酸の組成から算出する方法のことである。

食品中のタンパク質の必須アミノ酸含有量が、一定の値より低いアミノ酸を制限アミノ酸といい、そのなかでも最も不足しているアミノ酸を第１制限アミノ酸と呼ぶ。アミノ酸スコアは、食品タンパク質中の第１制限アミノ酸含有量が、そのアミノ酸におけるアミノ酸評点パターンの何%であるかによって表される。制限アミノ酸がない場合は100となる（表６）。

体タンパク質の合成をするためには、必須アミノ酸がすべて十分に揃っていることが重要である。これはイラストに示すように、複数の板でつくられた桶にたとえることができる。板の高さが1つでも低いと汲める水の量がそこにとどまるのと同じで、必須アミノ酸の量が1つでも少なければ、ほかの必須アミノ酸から得られる栄養価も少なくなってしまうからだ。

表6 食品タンパク質のアミノ酸スコア

食品	アミノ酸スコア
鶏卵	100
牛乳	100
牛肉	100
鶏肉	100
豚肉	100
アジ	100
イワシ	100
サケ	100
マグロ	100
木綿豆腐	82
精白米	61
パン	44
ジャガイモ	73
トウモロコシ	31

（1985年評点パターンより算出）

1つの食品にはさまざまな必須アミノ酸が含まれている。しかし、1種類でも一定値に満たない必須アミノ酸があると、その食品から得られる栄養価が少なくなり、その食品のアミノ酸スコアの評価は低くなる

1 栄養素

5 ビタミン

1 ビタミンの種類

ビタミンは微量で生命維持を支配する、不可欠な有機物である。これらは体内ではとんど合成されないか、合成されても必要量に満たないため、必ず外界から摂取しなくてはならない。

脂溶性ビタミンと水溶性ビタミンに大きく分けられるが、どちらも摂取が少ないと欠乏症を引き起こす。また、水溶性ビタミンは過剰摂取すると水に溶けるため尿中に排泄されやすいが、脂溶性ビタミンを過剰摂取すると、体内に蓄積され、過剰症を引き起こしやすい。

表7にビタミンの種類のほか、化学名も一覧した。ビタミンは化学名で表記されることもあるため、知っておくと、自分が摂ろうとしている成分が何であるか把握することができる。

2 脂溶性ビタミンとその働き

脂溶性ビタミンの種類と、それを多く含む食品は表8に示した通りである。

❶ビタミンA

ビタミンAは、動物性食品に多く含まれる。植物性の食品では、カロテノイドの1つであるカロテンのうちβ−カロテンの生理的作用が一番強い。これは緑黄色野菜など多くの食品に含まれている色素である。カロテノイドは、ビタミンAの前駆体でプロビタミンAと呼ぶ。ビタミンAの活性を示す単位としてレチノール等量（RE）が用いられ、1 REは、1 μgレチノール、

表7 ビタミンの種類と化学名

	ビタミン名	化学名
水溶性ビタミン	ビタミンB_1	チアミン
	ビタミンB_2	リボフラビン
	ナイアシン	ニコチン酸、ニコチン酸アミド
	ビタミンB_6	ピリドキシン、ピリドキサル、ピリドキサミン
	ビタミンB_{12}	シアノコバラミン
	葉酸	−
	パントテン酸	−
	ビオチン	−
	ビタミンC	アスコルビン酸
脂溶性ビタミン	ビタミンA	レチノール
	ビタミンD	コレカルシフェロール、エルゴカルシフェロール
	ビタミンE	トコフェロール
	ビタミンK	フィロキノン、メナキノン

6μgβ―カロテンに相当する。

ビタミンAは、成長促進、視覚作用、皮膚などの粘膜形成に関与する。不足すると成長障害、結膜炎や風邪などの細菌感染に対する抵抗力の低下、皮膚のかさつきなどが生じる。欠乏症としては夜盲症、成長障害、皮膚乾燥症などが挙げられる。

過剰症として肝障害、胎児の発育異常などが挙げられるが、プロビタミンAであるβ―カロテンの過剰症の可能性はほとんどないといわれている。

❷ビタミンD

ビタミンDの一部は体内で合成される。しかし、酵母やきのこに含まれるエルゴステロールと動物の表皮に存在する7―デヒドロコレステロールもプロビタミンDで、紫外線に当たることによってビタミンDになる。

ビタミンDが、機能を発揮するためには、肝臓と腎臓で活性型のビタミンDに変えることが欠かせない。活性型ビタミンDは、腸管からのカルシウムとリンの吸収を促進し、骨組織やカルシウムの代謝に関与する。

日本で普通の食事をしていればビタミンDが欠乏することはない。過剰症としては高カルシウム血症や腎障害、幼児では食欲不振、成長停止などがある。

❸ビタミンE

ビタミンEには8種類の同族体がある。そのうち生理作用が高い1種類に抗酸化作用があり、細胞膜などを構成するリン脂質中の多価不飽和脂肪酸や膜タンパク質の酸化防止に役立っている。

人間の欠乏症は見つかっていないビタミンEは、植物性食品に多く含まれており、

表8 脂溶性ビタミンの種類と、それを多く含む食品

ビタミン名	多く含む食品	欠乏症
ビタミンA	うなぎ、レバー、卵黄、バター、カロテンでの摂取では緑黄色野菜	夜盲症、角膜軟化症、眼球乾燥症
ビタミンD	きのこ類、酵母など	くる病、テタニー
ビタミンE	小麦胚芽、大豆油、ぬか油など	動物の不妊症
ビタミンK	カリフラワー、ほうれん草、トマト、イチゴ、納豆、海藻など	出血傾向、血液凝固低下

不足することは少ない。

④ビタミンK

ビタミンKには植物由来のビタミンK_1（フィロキノン）と微生物由来のビタミンK_2（メナキノン）があり、腸内細菌からも合成される。ビタミンKは血液凝固因子のプロトロンビンなどの生合成に必要で、カルシウム代謝にも関与しており、歯や骨の形成に影響を与える。また、腸内細菌からも合成されるため、成人では通常欠乏症は起こらない。

③ 水溶性ビタミンとその働き

水溶性ビタミンの種類と、それを多く含む食品は、表９に示した通りである。また、ビタミンC以外の水溶性ビタミンを、グループにしてビタミンB群と呼ぶ。

表9 水溶性ビタミンの種類と、それを多く含む食品

ビタミン名	多く含む食品	欠乏症
ビタミンB_1	胚芽（米、小麦）、ごま、落花生、のり、酵母、レバーなどの臓器、豚肉など	脚気、ウェルニッケ脳症
ビタミンB_2	レバー、乳、卵、肉、魚、胚芽、酵母、アーモンド、のり、乾椎茸、果物など	口角炎、口唇炎、舌炎、角膜炎
ナイアシン	かつお節、魚、乾椎茸、レバー、肉、酵母など	ペラグラ
ビタミンB_6	ひらめ、いわしなどの魚、レバー、肉、クルミなど	皮膚炎
ビタミンB_{12}	にしん、さばなどの魚、レバー、肉、かきなど	悪性貧血
葉酸	レバー、新鮮な緑黄色野菜、豆類など	巨赤芽球性貧血
パントテン酸	レバー、そら豆、落花生、さけ、卵など	通常の食生活では起こらない
ビオチン	レバー、卵黄、えんどう、かき、にしん、ひらめなど	通常の食生活では起こらない
ビタミンC	新鮮な野菜や果物など	壊血病

❶ビタミンB_1

ビタミンB_1は、補酵素として、糖代謝やアミノ酸の代謝に関与している。ビタミンB_1が不足すると、代謝系が停滞したり、ピルビン酸や乳酸が蓄積したり、疲労感や消化管の運動が鈍くなるため食欲不振が起こる。欠乏症には、脚気などがあり、過剰症はないとされている。

❷ビタミンB_2

ビタミンB_2は、補酵素としてエネルギー代謝や酸化還元反応に関与しているほか、成長ホルモンの合成にも深くかかわっている。不足すると、成長障害や口内外の炎症、皮膚炎、眼の充血などが起こる。過剰症はないとされている。

❸ナイアシン

ナイアシンはアミノ酸のトリプトファン60mgからナイアシン1mgを合成することができる。NADやNADPとして、糖代謝、脂質代謝、アミノ酸代謝における多くの酸化還元酵素の補酵素の構成成分になっている。

日本では欠乏することはないが、逆に長期間にわたって大量に摂取すると、消化管および肝障害の恐れがある。

❹ビタミンB_6

ビタミンB_6は腸内細菌によって合成されるため、通常は不足することはない。生理機能としては、補酵素としてアミノ酸代謝や神経伝達物質の生成に関与している。欠乏すると口角炎、皮膚炎などが起こる一方、長期間大量に摂取すると、知覚神経障害、シュウ酸腎臓結石などの恐れがある。

❺ビタミンB_{12}

ビタミンB_{12}は動物食品中に含まれるが、植物食品中にはない。ビタミンB_{12}が吸収されるには、胃で合成・分泌される内因子と結合する必要がある。また、ビタミンB_{12}は、葉酸の代謝に関与する補酵素としての役割がある。通常で動物性食品を含む食事をしていれば欠乏することはないが、厳密な菜食主義者や胃切除者などは、悪性貧血になりやすい。また、ビタミンB_{12}は尿中に排泄されるため、過剰症はないとされる。

❻葉酸

核酸の合成やアミノ酸代謝で重要な役割をしている葉酸は、食品中に広く分布しており、腸内細菌からも合成されるため欠乏症は起こりにくいが、不足した場合には、貧血を起こす。また、過剰症はほとんど知られていない。

❼パントテン酸

パントテン酸は、動植物食品に広く含まれ、腸内細菌からも合成されるため、通常の食生活から不足することはない。コエンザイムA（CoA）の構成成分であり、糖質代謝や脂質代謝などの反応に関与する。不足した場合、成長停止、食欲不振、皮膚炎などが起こるが、過剰症は知られていない。

⑧ビオチン

食品中に広く分布するビオチンは、腸内細菌からも合成されるため欠乏症は起こりにくい。ビオチンは、カルボキシラーゼの補酵素として、炭酸固定反応に必須であり、糖新生、脂肪酸の合成、アミノ酸代謝などに関与している。生の卵白を多量に摂取すると、腸管からの吸収を阻害され、皮膚炎や脱毛、体重減少などが起こる。過剰症は明らかになっていない。

⑨ビタミンC

ビタミンCの生理作用には、抗酸化作用、コラーゲン合成の酵素の補助因子としての作用、腸管からの鉄の吸収率上昇作用などがある。ビタミンCが補酵素として直接酵素反応に関与することはない。欠乏症には壊血病があり、出血、全身倦怠、関節痛、骨形成阻害による骨粗しょう症などが生じる。過剰症はほとんど知られていない。

⑥ ミネラル

① ミネラルの種類

ミネラルとは、生体を構成する元素のうち酸素（O）、炭素（C）、水素（H）、窒素（N）を除く元素の総称である。ミネラルは生体内元素の４％を占め、多量ミネラル（マクロミネラル）と微量ミネラル（ミクロミネラル）に分類することができる（表10）。

② ミネラルの働き

ミネラルの一般的機能を表11（P33）にまとめた。

❶カルシウム（Ca）

カルシウムは、生体内で最も多量に存在するミネラルである。99％が骨や歯に、約１％が細胞内に、約0.1％が血液中に存在する。骨はカルシウムの貯蔵庫の役割もある。

血液中のカルシウム濃度は一定の範囲で維持されるが、その役割を果たすために、器官では骨、腎臓、腸管が、ホルモンでは副甲状腺ホルモン、カルシトニンが関与しているほか、ビタミンD_3などもかかわっている。

カルシウムは、骨や歯の主成分となる以外にも、神経の刺激の伝達や筋肉の収縮に不可欠である。そのため、不足すると神経の興奮性が高まり、筋肉が弛緩する。また、血液凝固、細胞の情報伝達、酵素の活性化、体液のpHの調節などにも関与している。欠乏症として、幼児ではくる病、成人では骨軟化症、骨粗しょう症がある。低カルシウム血症では、テタニーとなる。過剰症には、腎臓結石、軟骨組織石灰化症などがある。

❷リン（P）

リンは、カルシウムに次いで多い。生体内のすべての組織と細胞に存在し、体重の

表10 マクロミネラルとミクロミネラル

マクロミネラル	カルシウム（Ca）、リン（P）、カリウム（K）、硫黄（S）、ナトリウム（Na）、塩素（Cl）、マグネシウム（Mg）
ミクロミネラル	鉄（Fe）、マンガン（Mn）、銅（Cu）、ヨウ素（I）、セレン（Se）、亜鉛（Zn）、クロム（Cr）、モリブデン（Mo）、ケイ素（Si）、スズ（Sn）、バナジウム（V）、ヒ素（As）、コバルト（Co）、フッ素（F）

約1％を占める。生体内のリンのうち、約80％がカルシウムとともに骨や歯に存在する。

リンの血中濃度は、2.5～5.0mg/dlと広い範囲で維持され、食事からの摂取で増減し、多いと尿からの排泄で調節される。

骨や歯の硬組織や細胞膜（リン脂質）の構成成分で、核酸、ヌクレオチド、高エネルギーリン酸化合物（ATP、クレアチンリン酸）、ビタミンからの補酵素の構成元素として広く関与する。

通常不足することはなく、加工食品中の添加物（リン酸塩）、栄養補助食品、清涼飲料水などにより、むしろ過剰摂取が問題となる。

❸マグネシウム（Mg）

生体内に約25ｇ含まれ、60～65％が骨中に、27％が筋肉中にあり、その他では腎臓、脳、肝臓、肺などの組織、血液、細胞外液にある。酵素の活性化、体温調節、神経の興奮、筋肉の収縮、副甲状腺ホルモンの分泌、脂質代謝の改善など、働きは多岐にわたる。神経の興奮と筋肉の収縮という点では、カルシウムの作用と拮抗作用がある。

通常、欠乏することはないが、欠乏すると、血清中の中性脂肪やVLDLとLDLコレステロールの濃度の上昇、低カルシウム血症、神経疾患、運動失調、精神疾患などが起こる。摂取量が多い場合には尿中に排泄されるため過剰症は起こらない。

❹カリウム（K）

細胞内に98％、細胞外に２％存在し、細胞内に最も多い陽イオンである。細胞内外のカリウム濃度は、ナトリウムポンプにより維持されている。働きとしては、細胞内の浸透圧の維持とpHの調節、膜輸送、筋肉の収縮、酵素の活性化などがある。通常の食生活では欠乏症や過剰症は起こらない。

❺ナトリウム（Na）

細胞外液に50％、骨中に40％、細胞内液に10％存在する体液中の主要な陽イオン。大部分が塩化ナトリウム（食塩、NaCl）として摂取される。排泄と摂取によって調節され、主にレニン・アンジオテンシン・アルドステロン系で行われている。

血しょう中のナトリウムイオン（Na^{+}）は、塩素イオン（Cl^{-}）とともに、浸透圧、細胞間液量やpHの調節、細胞内外の電位差の維持、グルコースやアミノ酸の吸収における能動輸送などの働きを担う。そのため欠乏すると、食欲不振、吐き気、血液濃縮、筋肉痛が起こる。

食塩を過剰に摂取すると細胞内液と外液のバランスが失われ、浮腫が現れることもある。さらに長期間の過剰摂取は、高血圧の原因となる。

❻塩素（Cl）

約70％が細胞外液に、30％が細胞内液に塩素イオン（Cl^-）として存在し、細胞外液中の陰イオンの60％を占める。塩素イオンは、胃酸（HCl）の構成成分であり、重炭酸イオン（HCO_3^-）とナトリウムイオンとともに浸透圧、細胞間液量やpHの調節を行う。

体内の塩素量は食塩の摂取量に影響されるため、適量の摂取が求められる。

❼鉄（Fe）

成人の体内に約３ｇ存在する。内訳はヘモグロビンやミオグロビンなどの機能鉄が男性（体重75kg）で約2.8mg、女性（体重55kg）で約2mg、フェリチンなどの貯蔵鉄が男性（体重75kg）で約1mg、女性（体重55kg）で約0.3mgとなる。

イラストのような循環を繰り返し、ヘモグロビン鉄として血液中の酸素を運搬したり、ミオグロビン鉄として筋肉中の酸素を運搬したり、カタラーゼや過酸化水素やチトクロームの構成成分として細胞の酸化反応に関与したりする働きがある。不足すると鉄欠乏性貧血が起こる。一方、過剰摂取すると、組織に鉄が沈着する血色素症が起こる。

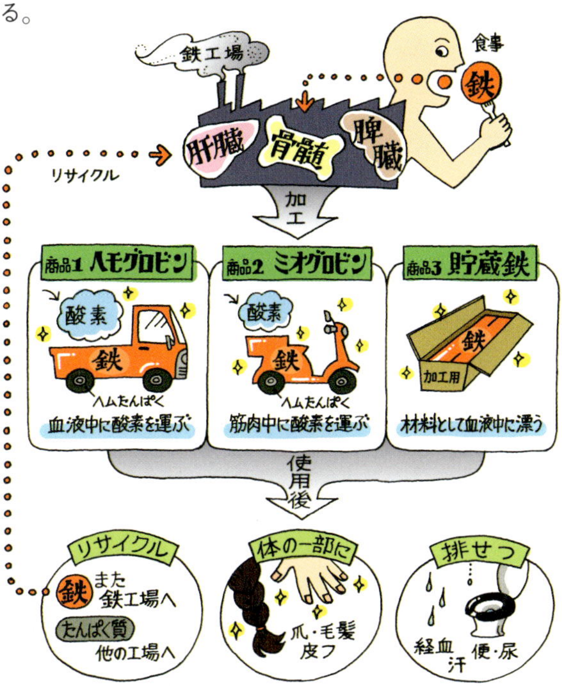

鉄は肝臓や骨髄、脾臓でヘモグロビン、ミオグロビン、貯蔵鉄に加工される。使用後は身体の一部になったり、排泄されたりするほか、リサイクルされ、再び加工、利用される

❽銅（Cu）

生体内に約80mg含まれ、骨、筋肉、肝臓に存在する。チトクローム*c*やスーパーオキシドジスムターゼ（SOD）などの酸化還元反応を触媒する酵素や、鉄代謝における二価鉄から三価鉄への変換に用いられる

酵素の構成成分でもある。摂取量が不足すると、鉄の代謝に影響を及ぼし貧血となる。

⑨亜鉛（Zn）

体内に約2ｇ含まれ、血液、筋肉、肝臓など体内に広く分布する。200以上の酵素の構成成分で、成長、免疫系、味覚などの感覚、皮膚、骨の機能維持に関与するほか、皮膚タンパク質やコラーゲンの生合成にも欠かせない。このため欠乏すると、成長障害、免疫機能低下、味覚異常、性腺や皮膚、肝臓や感覚器の機能低下などが起こる。過剰症は日常の食事ではないとされるが、高濃度の亜鉛を含む飲料摂取による中毒症状の報告がある。

⑩セレン（Se）

成人の体内に約13mg含まれ、血清中のセレン濃度は100μg。グルタチオンペルオキシダーゼという酵素の活性中心を構成し、SODやカタラーゼとともに酸化障害を防ぐ。これはビタミンＥの生理作用に似ている。

不足すると成長阻害や筋肉萎縮《いしゅく》、肝障害、不妊症、免疫力低下などの症状が出る。過剰症には、疲労感、爪の変化、悪心、おう吐、腹痛、心筋梗塞などがある。

⑪クロム（Cr）

成人の体内に約2ｇ含まれ、糖、脂質、タンパク質の代謝、結合組織の代謝に関与するほか、インスリン作用の増強、脂質代謝、免疫反応の改善にも不可欠である。

欠乏すると耐糖能異常、成長障害、脂質やタンパク質の代謝異常などが起こる。6価のクロムは栄養素として認められていないが、中毒症状が報告されている。

⑫ヨウ素（I）

成人の体内に約15mg含まれ、70～80％が甲状腺に存在し、甲状腺ホルモンの構成成分としてエネルギー代謝やタンパク質の合成などに関与する。ヨウ素を含む海藻類を食べる機会が多いため、日本人での欠乏症状はほとんど見られないが、欠乏症には甲状腺腫とクレチン病がある。過剰症には、甲状腺腫や甲状腺機能亢進症の悪化が報告されている。

⑬コバルト（Co）

成人の体内に約2mg含まれ、ビタミンB_{12}の構成成分で赤血球の形成に関与する。欠乏症にビタミンB_{12}の欠乏症である悪性貧血が挙げられる。過剰症は、悪心、おう吐、食欲不振、発疹などがある。

⑭マンガン（Mn）

成人の体内に約15mg含まれ、25％が骨中に、次いで肝臓、すい臓、腎臓に存在する。マンガン含有酵素としての機能と酵素反応を活性化させる補助因子としての機能がある。欠乏すると成長阻害、骨形成異常、血液凝固能の異常、生殖能力の欠如、運動失調、脂質と糖質の代謝異常などが起こる。過剰摂取すると、疲労感、倦怠感、不眠、進行性痴呆症、精神障害、歩行障害などの症状が出る。

⑮硫黄（S）

含硫アミノ酸の構成成分であり、タンパク質中に存在する。硫黄のSH基には生体の解毒や酵素の活性調節の機能がある。タンパク質の摂取が十分な場合、硫黄に関する問題は起こらないと考えられている。

⑯モリブデン（Mo）

キサンチンオキシダーゼなどの酵素の構成成分で体内に約9 mg含まれる。欠乏症は、完全静脈栄養施行時に発症した例が報告されている。過剰に摂取すると銅の吸収を阻害するため、銅の欠乏症を発症する。

⑰フッ素（F）

成人の体内に約2.6 g含まれ、その約95％が骨と歯に存在する。フッ素の機能としては歯の石灰化の促進、口腔内の細菌やこれが産生する酵素活性の抑制などへの関与や、歯のう蝕の予防などがある。過剰に摂取すると慢性フッ素中毒となる。

表11 ミネラルの一般的機能

機能による分類	働き	関与するミネラルあるいは関連物質
生体組織の構成成分	骨や歯などの構成成分	カルシウム、リン、マグネシウムなど
	生体内の有機化合物の構成成分	リン脂質、ヘモグロビンの鉄、含硫アミノ酸の硫黄など
生体機能の調節	体液の恒常性の維持（pHや浸透圧の調節）	カリウム、ナトリウム、カルシウム、マグネシウム、リンなど
	筋肉の収縮、神経の興奮性の調節	カリウム、ナトリウム、カルシウム、マグネシウムなど
	酵素の活性化作用	マグネシウム、鉄、銅、亜鉛、セレン、マンガンなど
	生理活性物質の構成成分	鉄、ヨウ素、亜鉛、モリブデンなど

② 食品

① 食品とは栄養素の集合体

食品とは、栄養素の集合体である。そのため栄養素を１つだけ持っている食品はない。例えば「カルシウムとタンパク質」のイメージの強い牛乳も、カルシウムやタンパク質のほかに糖質やビタミン、ミネラルなど、さまざまな栄養素が含まれている。さらに、何の栄養素も入っていないと思われる水でも、その表示を見れば、カルシウムやカリウムなどの栄養素が含まれていることがわかるはずだ。ここでは、一例として７つの食品について、それぞれに含まれている栄養素を挙げたので参照してほしい。

このように、食品中に含まれている栄養素を特徴別にグループ分けしたものを、食品群という。日本食品標準成分表には、私たちが食べている食品の、食品群ごとの栄養成分が記載されている。

牛乳

水分、タンパク質、脂質、炭水化物、ナトリウム、カリウム、カルシウム、マグネシウム、リン、鉄、亜鉛、銅、マンガン、ビタミンA、ビタミンD、ビタミンE、ビタミンK、ビタミンB_1、ビタミンB_2、ナイアシン、ビタミンB_6、ビタミンB_{12}、葉酸、パントテン酸、ビタミンC、コレステロール

ご飯
精白米

水分、タンパク質、脂質、炭水化物、ナトリウム、カリウム、カルシウム、マグネシウム、リン、鉄、亜鉛、銅、マンガン、ビタミンE、ビタミンB_1、ビタミンB_2、ナイアシン、ビタミンB_6、葉酸、パントテン酸、食物繊維

牛肉
肩ロース、赤肉

水分、タンパク質、脂質、炭水化物、ナトリウム、カリウム、カルシウム、マグネシウム、リン、鉄、亜鉛、銅、マンガン、ビタミンA、ビタミンE、ビタミンK、ビタミンB_1、ビタミンB_2、ナイアシン、ビタミンB_6、ビタミンB_{12}、葉酸、パントテン酸、ビタミンC、コレステロール

レタス
生

水分、タンパク質、脂質、炭水化物、ナトリウム、カリウム、カルシウム、マグネシウム、リン、鉄、亜鉛、銅、マンガン、ビタミンA、ビタミンE、ビタミンK、ビタミンB_1、ビタミンB_2、ナイアシン、ビタミンB_6、葉酸、パントテン酸、ビタミンC、食物繊維

しいたけ
生

水分、タンパク質、脂質、炭水化物、ナトリウム、カリウム、カルシウム、マグネシウム、リン、鉄、亜鉛、銅、マンガン、ビタミンD、ビタミンB_1、ビタミンB_2、ナイアシン、ビタミンB_6、葉酸、パントテン酸、ビタミンC、食物繊維

ワカメ
生

水分、タンパク質、脂質、炭水化物、ナトリウム、カリウム、カルシウム、マグネシウム、リン、鉄、亜鉛、銅、マンガン、ビタミンA、ビタミンE、ビタミンK、ビタミンB_1、ビタミンB_2、ナイアシン、ビタミンB_6、ビタミンB_{12}、葉酸、パントテン酸、ビタミンC、食物繊維

みかん

水分、タンパク質、脂質、炭水化物、ナトリウム、カリウム、カルシウム、マグネシウム、リン、鉄、亜鉛、銅、マンガン、ビタミンA、ビタミンE、ビタミンB_1、ビタミンB_2、ナイアシン、ビタミンB_6、葉酸、パントテン酸、ビタミンC、食物繊維

②食品

② 食品のもつエネルギー

三大栄養素といわれる糖質、脂質、タンパク質は、エネルギー源となる栄養素である。生体内では100%食品を消化・吸収するわけではないので、食品がもつすべてのエネルギー量が、体内で利用されるわけではない。そのため、糖質、脂質、タンパク質の消化吸収率と、タンパク質の未利用のエネルギー量から、生理的燃焼価を求め指数としたものを、アトウォーターのエネルギー換算係数（アトウォーターの指数）として割り出す。アトウォーターのエネルギー換算係数は、糖質が4 kcal、脂質が9 kcal、タンパク質が4 kcalである。これは、それぞれ1g摂取したときに吸収された量が燃焼して発生するエネルギー量である。

1カロリー（cal）は、1リットル（l）の水を14.5℃から15.5℃まで温めるために必要なエネルギー量である。また、1ジュール（J）は、質量1kgの物体を1ニュートン（N）の力で1m移動するときに必要なエネルギー量である。

エネルギーの単位は、世界統一単位のジュール（J）で表されるが、栄養学ではキロカロリー（kcal）を使用する。1kcalは、4.184kJである。海外でサプリメントを購入する際には、ジュール表示されていることが多いので、覚えておくといいだろう。

ちなみに、キロカロリーは単位であるため、「このお菓子、カロリー高い？」という表現は間違っていることになる。「このお菓子、エネルギー高い？」とするのが正しい使い方である。

③ 食品のエネルギー量の算出方法

食品のもつエネルギー量は、食品別のエネルギー換算係数（kcal/g）で求めることができる。エネルギー換算係数は、食品ごとに消化吸収率が考慮して定められている（表12）。このため、その食品の係数に食べる量を乗じることで、エネルギー摂取量が割り出せる。日本食品標準成分表では、エネルギー換算係数から食品100gあたりのエネルギー量を算出し、示している。

ここで覚えておきたいのは、エネルギーは栄養素ではないということである。というのも、食品のエネルギー量は、食品中の糖質、脂質、タンパク質から得られるエネルギーの総和から求められるものだからだ。

表13を見てみよう。精白米の糖質、脂質、タンパク質の含有量に、それぞれのエネルギー換算係数を乗じると、その合計が精白米のエネルギー量となる。このように、食品のエネルギー量は、エネルギー源となる糖質、脂質、タンパク質の含有量によって決定するのだ。

表12 科学技術庁「日本人における利用エネルギー測定調査」に基づくエネルギー換算係数

項目 / 食品群	タンパク質 (kcal/g)	脂質 (kcal/g)	炭水化物 (kcal/g)	調査した食品
穀類	**3.47**	**8.34**	**4.12**	玄米
	3.78	**8.37**	**4.16**	半つき米
	3.87	**8.37**	**4.20**	七分つき米
	3.96	**8.37**	**4.20**	精白米
	3.74	**8.37**	**4.16**	胚芽精米
	4.32	**8.37**	**4.20**	小麦粉
	3.83	**8.37**	**4.16**	そば粉
豆類	**4.00**	**8.46**	**4.07**	大豆（煮豆）、納豆
	4.18	**9.02**	**4.07**	豆腐、生揚げ、油揚げ、凍り豆腐、湯葉
	3.43	**8.09**	**4.07**	きな粉
野菜類	**4.00**	**8.46**	**4.07**	枝豆、グリンピース、ソラマメ、大豆もやし
魚介類	**4.22**	**9.41**	**4.11**	魚肉
	4.22	**9.41**	**3.87**	アユ、アンコウ、ウナギ、コイの内臓
肉類	**4.22**	**9.41**	**4.11**	鶏肉・豚肉・牛肉などの肉類
	4.22	**9.41**	**3.87**	内臓
卵類	**4.32**	**9.41**	**3.68**	卵類
乳類	**4.22**	**9.16**	**3.87**	牛乳、チーズ
油脂類	—	**9.21**	—	植物油
	4.22	**9.41**	—	動物脂
	4.22	**9.16**	**3.87**	バター
	4.22	**9.21**	**3.87**	マーガリン

表13 食品のエネルギー算出例（精白米100g）

区分	糖質	脂質	タンパク質
含有量	**77.1g**	**0.9g**	**6.1g**
換算係数	**4.20**	**8.37**	**3.96**
エネルギー	**324kcal**	**8kcal**	**24kcal**
計	**356kcal**		

column

日本食は世界一のスポーツ栄養食

日本食を食事の基本としている日本選手は、ほかの国の選手に比べ、食の面でリードしている。というのも、日本食はスポーツ選手にとって世界一の食事だからだ。その理由を挙げてみよう。

❶食材が豊富

食品成分表は、我が国において常用される食品について標準的な成分値を収載するものとされ、五訂増補日本食品標準成分表には、1878の食品の情報が掲載されている。日本食は、多くの食材を使って食事を組み立てるもの。食材の数が多ければ、栄養素の充足状況もよくなるのだ。

❷調理法が豊富

日本食には、切る、ゆでる、煮る、焼く、揚げる、蒸す、炒める、和える、漬ける、煎《い》るという調理法がある。消化をよくしたい時や試合など油の摂取量を調節したい時も、調理法を選べば、おいしさそのままで自在にコントロールできる。

❸味つけが豊富

調味料の種類も多く、照り焼きや酢をきかせるなど、味つけのバリエーションに富む。最近では、日本の伝統的な調味料だけではなく、海外の調味料が活用され、さらにバリエーションが増えている。

❹衛生環境が整っている

四季がある日本では、文化として衛生状況の重要さが認知されている。刺身など生で食べることができるのは、食材が新鮮であると同時に衛生管理が優れているからである。

❺穀類を中心とした食事

穀類中心の食事は、選手にとって最も大切な糖質を十分摂取できる。

日本食を食文化に持った選手たちには、海外のスポーツ栄養の本によく書かれている、数少ない種類の食品を食べ続ける方法や、栄養素のことだけを考えるあまり、おいしさや食事から得られる精神的安定を無視した食事の情報は、参考にならないはずだ。身体や試合などの条件に合わせて日本食を展開させた、おいしく豊かな食事。それこそが、勝つための食事となることを覚えておいてほしい。

第 2 章

身体のしくみ

身体のしくみ、特に、食べたものが体内で分解・利用される過程を示す
体内での消化・吸収・代謝。さらに、一般の人とアスリートが最も違う部分である
身体組成に焦点を当てた。

1 消化

① 消化器系の機能

食物の摂取や消化、吸収および排便を行う臓器を消化器系とよぶ（図3）。消化器系は、口腔から食道、胃、小腸、大腸、肛門までの消化管と消化液を分泌する消化腺から構成される。なお、消化腺は唾液腺、肝臓、すい臓など消化管に存在するものもある。

消化は、噛《か》む、切るなどの物理的に起こる機械的消化と、消化液による分解の化学的消化から成り立っている。

消化液は１日に約８リットル分泌され、そのなかには多くの消化酵素が含まれる（表14）。消化管からは、消化管ホルモンも分泌される。

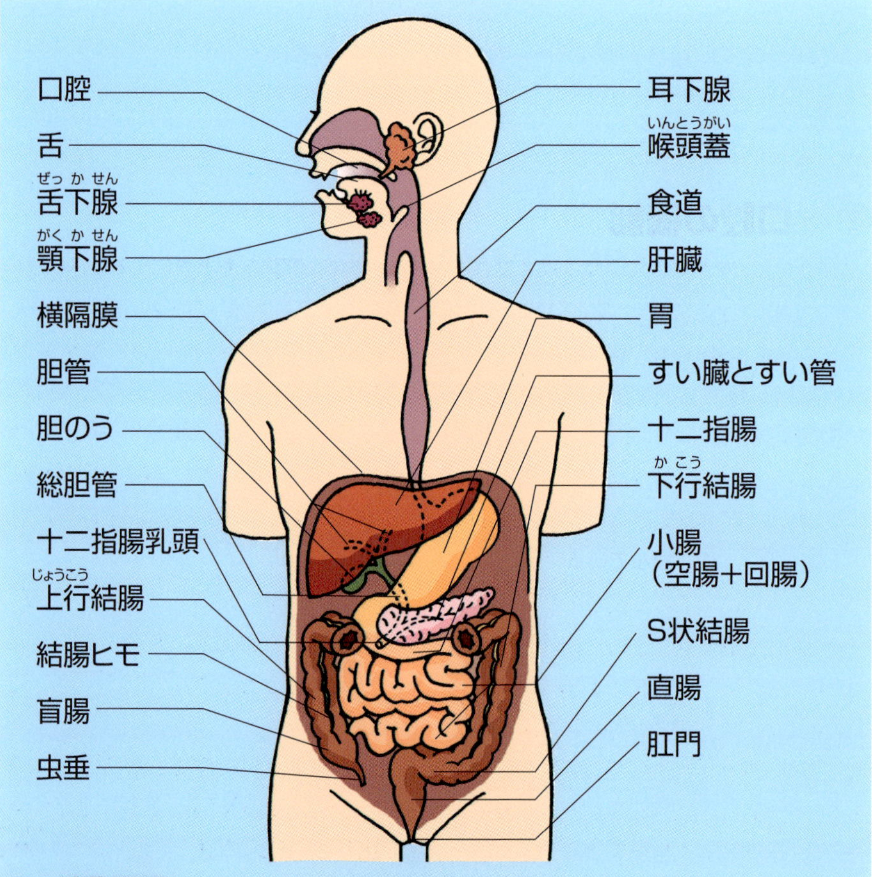

図3 消化器系

表14 消化液の分泌量と主な消化酵素

消化液	分泌量(ml／1日)	主な消化酵素
唾液	1200	アミラーゼ
胃液	2000	ペプシン
すい液	1200	アミラーゼ、トリプシン、キモトリプシン、エラスターゼ、ペプチダーゼ、デオキシリボヌクレアーゼ（DNase）、リボヌクレアーゼ（RNase）、リパーゼ、ホスホリパーゼA、コレステロールエステラーゼ
胆汁	700	－
腸液	3000	－

② 口腔の機能

口腔では、歯を使って食物を噛み砕き、唾液と混ぜる咀嚼《そしゃく》が行われる。唾液は、主に耳下腺、舌下線、顎下腺の3カ所の唾液腺から分泌される（図3参照）。その量は1日1200ml程度で、プチアリン（唾液アミラーゼ）とムチン(粘液)が含まれている。

プチアリンはデンプンなどの糖質を分解する酵素で、ご飯を噛んでいると甘くなるのは、この作用である。食べたものを噛み砕いて唾液と混ぜることにより、食べ物のなかに入っていた糖質が化学反応を起こして分解される。その結果、二糖類になると、舌に甘みを感じるようになる。粘液であるムチンは、緊張したときに出る唾液の中に多く含まれる。梅干を頭に描いたときに出るサラサラした唾液にはムチンが少なく、逆に、緊張したときに出る唾液にはムチンが多く含まれる。緊張すると、口の中が乾いたり粘つく感じがしたりするのはそのためである。

さて、口腔では舌があるため食物を味わうことができる。舌にある味蕾《みらい》が味覚を感知し、舌神経と舌咽神経によって味覚中枢に伝えられる。

味には、甘味（あまい）、塩味（塩からい）、酸味（すっぱい）、苦味（にがい）の4種類があり、苦＞甘＞酸＞塩の順に早く感知できる。

こうして口腔で咀嚼された食物は反射的に飲み込まれ（嚥下《えんげ》）、食道に送られる。食道は、骨でなく筋肉でできており、蠕動《ぜんどう》運動によって食物を胃に送る。

1 消化

3 胃の機能

食道から胃に運ばれた食物は、胃液の酸によって殺菌される。また、胃では、胃液の分泌を促進する消化管ホルモンのガストリンや消化酵素のペプシノーゲン（ペプシン）、ビタミンB_{12}の腸での吸収に不可欠な内因子や粘液などを分泌する。表14（P41）に示した通り、胃液は1日に2リットル程度分泌される。ちなみにペプシンはタンパク質を分解する酵素で、タンパク質の化学反応による消化は、胃の中から始まる。

食物の胃内での停滞時間は、通常、固体では3～6時間と長い。胃の筋肉運動によって消化液と粘液とが混ぜ合わされ、それらは2～3分間に1回の割合で少量ずつ小腸の十二指腸に送られる。

また、胃では、アルコールや鉄の一部をはじめ、少量の塩分やブドウ糖を吸収している。胃の中が空の状態のときは、アルコールが胃で吸収されるため、酔いが回りやすくなる。

消化管は長いトンネル

口から肛門までの消化管は長いトンネルのようなものである。まず口では外から受け入れた食べ物を小さくする。小さくなった食物は、胃で塩酸によって殺菌されたり、酸によってボロボロにされたりする。その後に通る小腸では、消化液をかけられ、餅つき機に入れられたように粉々にされ、吸収される。そしてついに、吸収された栄養素は身体の内部へと入っていく。

吸収されなかった残りは、大腸で微生物のエサになる。すると微生物が作るビタミンとして吸収され、身体の内部に入ってくる。これ以外の残りは、便として排出される。

このように消化管がトンネルになっているのは、ばい菌だらけの食べ物が身体の中に直接入ってきたり、身体の内部で微生物を飼ったりしないですむようにするためなのだ。

焼き肉を食べすぎると胃もたれするのは…？

油には胃での運動を抑制する働きがある。そのため、油を多く含む食べ物は、胃での停滞（とどまる）時間が長くなる。すると、お腹がすきにくい（腹持ちがよい）状態になる。また、油や脂が多く含まれる食べ物は、胃から小腸に移る時間も長くなる。そのため、食べたものがすべて胃から小腸に移動するのに10時間以上かかる場合もある。焼肉を食べたときなど、胃がすっきりするまでに時間がかかるのはそのためなのだ。

あまりにも食べ過ぎた場合には、胃は疲れ、胃での消化もそこそこに小腸へと移動する。それを受け取った小腸は、吸収できるまでに消化できないため、吸収されずに排泄されることになる。もったいない話だ。

④ 小腸の機能

小腸は、十二指腸、空腸、回腸から構成され、腸液を分泌する。また、小腸内には、すい臓からはすい液（P44、すい臓の項を参照）、胆のうからは胆汁（P46、肝臓の項を参照）が分泌される。ここで分節運動や蠕動運動が起こることで、これらの消化液によってよく混ぜられる。そうして、小腸内で食物の消化が完了する。

また、小腸からは多くの消化管ホルモンも分泌される（表15参照）。消化管ホルモンは、小腸の運動や腸液などの分泌を調節する。

食べたものは胃で留まるようになっているため、十二指腸に一度に大量に送られることはなく、効果的な消化が行われる。たくさん食べたときに胃が出ることがあっても、十二指腸が出ることがないのは、これが理由である。

腸液には、主に炭酸水素ナトリウム（胃から送られた酸性になった食物を中性に中和するためアルカリの液体を分泌する）、消化酵素を含む。また、消化しやすくするために粘液も含まれているため、食物は小腸を滑らかに移動する。さらに小腸筋肉の運動により粉々にされ、最終的にはかゆ状になる。

ほとんどの栄養素の吸収は、主に空腸と回腸で行われる。

表15 主な消化管ホルモンと、その分泌部位

消化管ホルモン	分泌部位
ガストリン	胃
コレシストキニン	小腸上部
セクレチン	十二指腸粘膜
血管作用性腸管ペプチドVIP	腸管神経叢
ソマトスタチン	胃、十二指腸
モチリン	上部小腸

⑤ 大腸の機能

盲腸、上行結腸、横行結腸、下行結腸、S字状結腸、直腸で構成されている大腸。その主な機能は、未消化物の処理と排泄である。小腸の回腸から送られてきたかゆ状の食塊は、盲腸に運ばれる。そして、上行結腸から横行結腸の上部において、便として適度な軟らかさになるよう水分が吸収される。その量は、１～２リットルといわれる。また、大腸前半部では、水分以外にも、ナトリウムやそのほかのミネラルの吸収を行う。さらに、大腸内に生活する腸内常在菌により、いくつかのビタミン類が合成され、吸収される。大腸後半部分では、形成された便が、Ｓ字状結腸でたまっていき、ある程度の重さになったときに便意を起こす。便意に対して脳がＯＫサインを出すと、便は、直腸から肛門へと移動し排便される。

個人差や食べたものによって大きく変わるが、食べたものが盲腸に到達するまでに５時間程度かかり、そこから直腸に到達するまでには24時間かかる。下痢の場合には、水分の吸収などが十分に行われないまま短時間で出ていくことになる。

胃と大腸には密接な関係があり、胃の中に食べ物が入ってくると、大腸内にある便のもとが大きく動き、移動を始める。これを胃ー大腸反射という。朝食を摂ることによって便意が生じるのは、この働きによるものである。

⑥ すい臓の機能

すい臓では、すい液を十二指腸へ分泌するほか、血糖値調節ホルモンであるインスリン（血糖を低下させる）やグルカゴン（血糖を上昇させる）などのペプチド系ホルモンも分泌する。すい液に含まれる消化酵素の種類は多く、糖質、脂質、タンパク質を最終消化するための消化液がすべて入っている。

このようにタンパク質を分解する酵素をプロテアーゼ、糖質を分解する酵素をアミラーゼ、脂質を分解する酵素をリパーゼと総称する。

すい臓の機能が落ちてしまうと、栄養素の化学的消化が抑制される。このため、すい臓は、消化にはなくてはならない臓器なのだ。

⑦ 腎臓の機能

腎臓は、１つ150ｇのものが左右に１つずつある。腎臓には血液のろ過・再吸収装置の役割があり、これらの機能を直接担うのがネフロンである。ネフロンは、左右の腎臓それぞれに約100万個あり、血液中に存在する不要な物質や老廃物をろ過して尿中に排泄する一方で、必要な物質に関しては再吸収を行い、排泄を防ぐ。しかし、ブドウ糖とアミノ酸は、100％再吸収されるため、基本的に尿中に排泄されない。

腎臓のその他の働きとして、造血にかかわるホルモンであるエリスロポエチンや、血圧の上昇を促すホルモンであるレニンの分泌がある。また、骨代謝に影響を及ぼすビタミンＤを活性化させる役割ももっている。

知っておきたい　便秘と下痢のメカニズム

寒いところから暖かいところに遠征に出かけると、ほとんどの選手が便秘を訴える。これは、気温の急激な変化で、水分の排泄と摂取の調節がうまくいかないためだ。身体が環境に慣れるには、男子で２日間、女子選手で３日以上かかる。

予想より多い量の水分が不感蒸泄（発汗などにより失われること）によって排泄されると、大腸での水分の吸収が促進される。すると、便重量が減少し、便意をもよおすまでの時間が延びる。そのため、いつもよりも遅い時間に便意が起こる。すると、選手たちは「便秘になった」と訴える。

これを防ぐためには、寒いところを出発し、暖かいところへ到着した際には、飲みたくなくても最低３時間以内に500mlの水を飲むようにする。その後は、就寝時と練習中（練習中の水分補給は発汗に合わせて行う）以外に、６時間で500ml以上の水分を補給する。２～３日にわたって意識的に水分補給量を増やすと、便秘の訴えはなくなる。

次に、下痢について考えてみよう（感染による下痢は除く）。水分摂取量に問題がないのに下痢をする時は、冷えや食後から練習までの時間が関係していることが多い。

まずは冷えからの下痢について。練習で汗をかくと、練習着が濡れる。風が強い日などは濡れた部分の温度が下がり、冷湿布と同じ役割をする。お腹の周りが冷湿布された状態になれば、お腹が冷えて下痢を引き起こす。こうした気候の時や冷えに弱い選手は、練習着の内側にビニールを貼って冷えを防ぐとよい。

また、食後から練習までの時間が１時間以内と短い場合、消化・吸収機能がうまくいかずに下痢を起こすことがある。食後すぐの練習を強いられ、下痢をするのが習慣になっている選手も多い。一般の人に比べると、選手たちはある程度運動をしても消化・吸収しやすいといわれているが、食後１時間以内の運動は、消化・吸収機能に大きな負担を与える。食事のあとは、練習するまでに最低でも２時間は空けるようにしよう。

1 消化

⑧ 肝臓と胆のうの機能

1 肝臓の機能

肝臓は、生きるためになくてはならない臓器である。その重量は1kgもあり、代謝、分泌、解毒などの機能を担っている。

代謝機能としては、以下の5つが挙げられる。

❶アミノ酸・タンパク質代謝

アミノ酸の代謝、タンパク質の合成と分解、アルブミンや血液凝固因子の合成など

❷脂質代謝

コレステロール、中性脂肪、脂肪酸、リポタンパク質、リン脂質の合成など

❸糖質代謝

グリコーゲンの合成と貯蔵、血糖値が低下した際のグリコーゲンのブドウ糖への分解、グルコースの新生など

❹ビタミン・ホルモンの代謝

ビタミンの活性化、脂溶性ビタミンの貯蔵、ホルモンの不活性化と分解など

❺ミネラルの貯蔵

鉄は、非ヘム鉄複合体であるフェリチンやヘモジテリンとして肝臓に貯蔵される。また、鉄は銅、亜鉛、セレンなどのミネラルも貯蔵する。

分泌機能には、胆汁、コレステロール、リン脂質、ビリルビンなどの分泌がある。また、解毒機能としては、アルコールの代謝や、アミノ酸を分解する際に生じるアンモニア（体内では毒性のある）の処理と尿素の合成（尿素回路）、異物や薬物の抱合（タンパク質などで抑え込み、機能を失わせること）などがある。

このほかにも、血糖値を維持するための調節を1日中続けたりするなど肝臓の仕事は多い。心臓と同様、肝臓もまた、休みなしで働く臓器なのだ。

また、腸で吸収された栄養素の多くは肝臓で代謝されるため、消化と吸収が終了したあとも、その処理のために肝臓は働き続ける。つまり、消化に時間のかかる食べ物を大量に摂取すれば、肝臓が疲れてしまうということである。その上、アルコールなど体内で解毒が必要な物質を摂取すると、肝臓はオーバーワークとなりさらに疲労してしまう。

このように、飲食するものによっては、肝臓に負担をかけてしまうことをしっかり覚えておこう。

② 胆のう

脂肪を消化するのは胆汁である。これは、消化酵素を含まない消化液であり、脂肪の表面張力を低下させ脂肪を乳化（脂肪の1粒1粒を小さくさせる）させ、消化されやすくする働きを持つ。

胆汁は肝臓で作られ、分泌され、胆のうに貯えられるもので、胆汁酸と胆汁色素（ビリルビン）を含んでいる。胆汁酸は肝細胞でコレステロールから合成され、胆汁色素はヘモグロビンの分解産物である。

胆のうに蓄えられた胆汁は、食事のなかの脂肪の量に応じて（脂肪の量が多ければ分泌量を多くする）、十二指腸に放出される。

代謝、分泌、解毒など、多くの機能を担う肝臓は24時間フル稼働している臓器。解毒が必要なアルコールなどを摂取すると、その負担はますます増える

②食物摂取と消化・吸収・代謝

食物として摂取した栄養素は、消化・吸収され、その後、代謝される。消化は口腔から始まり、小腸でほぼ完了する。

吸収は、主に小腸の空腸と回腸で行われて、能動輸送と受動輸送に大きく2つに分類される。能動輸送とは、濃度勾配《こうばい》に逆らって、エネルギーを使って膜を通過する複雑な機構で、受動輸送は、濃度勾配にしたがってエネルギーを使わずに吸収するものである。

代謝とは、物質の合成や分解の過程をいう。

① 摂食の調節

「食べたい」という欲求には２つの種類がある。１つは、空腹を満たすための空腹感によるもの。もう１つは、視覚や嗅覚、味覚、過去の経験によるものである。

人間は、空腹感と満腹感という身体の要求に応じて摂食とその中断を繰り返すことによって、食物摂取を調節している。

間脳の視床下部にある摂食中枢は、空腹を感じて摂食行動を起こさせる。、また、満腹中枢は、食物の摂取が行われることにより満腹感を感知する。この機能が障害を受けると摂食異常をきたす。つまり、摂食中枢が機能しないと拒食になり、満腹中枢が機能しないと過食になるというわけだ。

② 炭水化物

① 炭水化物の消化と吸収

食物中の糖質は、口腔内で唾液中にあるプチアリンによって消化される。さらに、小腸内ですい液中のアミラーゼによって二糖類まで消化される。これらは、腸液中の二糖類分解酵素（マルターゼ、スクラーゼ、ラクターゼ）によって、単糖まで消化され、同時に吸収もされる（膜消化）。吸収された単糖は、門脈を通り肝臓へと運ばれる。また、食物繊維は人間の身体に消化酵素がないため消化されず、大腸で腸内細菌によって分解される。

② 炭水化物の代謝

吸収され、肝臓に運ばれた糖質は、肝臓と筋肉でグリコーゲンとして蓄えられる。肝臓のグリコーゲンは、主に血糖値の維持のために使われ、筋肉内のグリコーゲンは、筋肉運動のためのエネルギー源として使われる。エネルギーとして使われたグリコーゲンは、化学反応によってピルビン酸

（解糖系）を経てTCA回路に入り、二酸化炭素と水（電子伝達系で合成される）に分解され、なくなる（第３章参照）。その際、エネルギーを産生するというわけだ。このように、グリコーゲンは必要に応じてエネルギー源として代謝される。

また、ペントースリン酸経路において、グルコースから核酸合成に必要なリボースや脂肪合成に必要なグリセロールの合成も行われる。

③ 脂質

① 脂質の消化と吸収

脂質（中性脂肪）は、咀嚼や胃の中での筋肉運動によって脂肪滴となり、表面積を増やす。その後、十二指腸に運ばれ本格的な消化が始まる。

十二指腸では、胆汁により乳化され、すい液と腸液のリパーゼにより、脂肪酸２分子とモノグリセロールまで消化される。これらは、腸管から吸収されると、腸壁の細胞内で再び脂質を構成し、リン脂質やコレステロール、脂溶性ビタミンとともにリポタンパク質であるキロミクロンを形成し、リンパ管を経て血液中に放出される。そのため脂質は、吸収される量が多ければ、その分血液中にも多くなる。構造上、サイズの小さい短鎖脂肪酸や中鎖脂肪酸は、糖質やタンパク質と同じように吸収され、門脈から肝臓に送られる。

② 脂質の代謝

脂質の代謝には、脂質の酸化分解と脂質の合成、コレステロールの合成と分解がある。

脂肪酸は、β酸化によってアセチルCoAとなり、エネルギー代謝に入ってエネルギーを産生する（第３章参照）。

コレステロールは、アセチルCoAを材料にして合成される。食べ物から得るもの以外に肝臓でも合成され、その量は１日に1000～1500mgになる。コレステロールは身体に不可欠な物質であり、細胞膜、副腎皮質ホルモン、性ホルモン、プロビタミンDの成分となる。

2 食物摂取と消化・吸収・代謝

④ タンパク質

① タンパク質の消化と吸収

タンパク質は、口腔でまず噛み砕かれることによって表面積が多くなり、その後に消化液のかかる部分が多くなるようになっている。

胃の中では、消化酵素のペプシンによってポリペプチドとなり、小腸では消化酵素のトリプシンやキモトリプシンによってトリペプチド（アミノ酸が3つ結合した状態）、あるいはジペプチド（アミノ酸が2つ結合した状態）まで消化される。さらに膜消化によりアミノ酸まで消化されると同時に吸収され、門脈を経て肝臓に送られる。

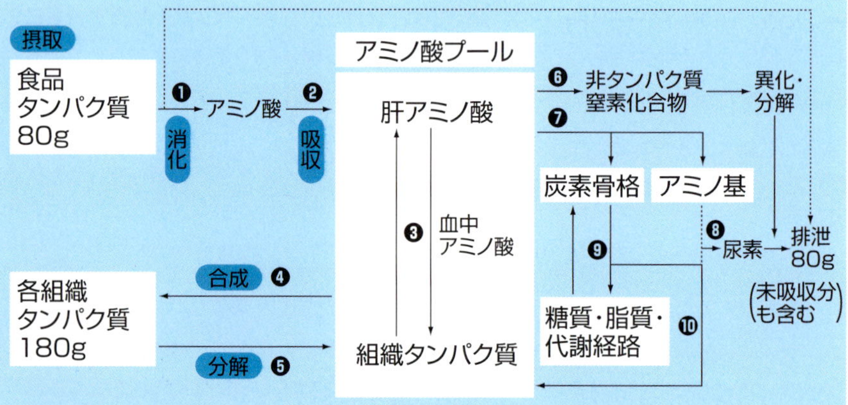

図中の数字は、

❶食品タンパク質は消化されたアミノ酸を生じ、腸管より吸収される。
❷は門脈を経て肝臓に運ばれる。
❸血液を介して全身の組織と交流する（アミノ酸プール）。
❹各組織におけるタンパク質合成。
❺各組織におけるタンパク質分解によるアミノ酸の供給。
❻アミノ酸はタンパク質以外の窒素化合物の生成にも利用されている。
❼アミノ基と非窒素部分（炭素骨格部分）に分解する。
❽大部分のアミノ基は最終的に尿素となり、尿中に排泄される。
❾炭素骨格部分は糖、脂肪酸の代謝経路に入り、エネルギーとして利用される。
❿一部のアミノ基と炭素骨格から再びアミノ酸が合成される（非必須アミノ酸）。

なお、組織のタンパク質は合成❹と分解❺により絶えず新旧の交代がなされている。

（新版コンディショニングのスポーツ栄養学、P58、市村出版、2007年）

図4 タンパク質・アミノ酸代謝の概略

❷ タンパク質の代謝

吸収されたアミノ酸は、筋肉や結合組織などの支持物質の主成分となるほか、酵素、免疫グロブリン、インスリンやグルカゴンなどの一部のホルモンの体内のタンパク質の合成に利用される。

これを牛肉を例に考えてみよう。牛肉を食べた時、人間の身体は、牛肉のタンパク質のまま筋肉に利用するのではなく、牛肉のタンパク質をアミノ酸までバラバラに分解して、筋肉タンパク質などの体タンパク質を最初から作る。

ここでしっかり覚えておきたいのは、タンパク質をたくさん食べれば食べただけ筋肉も増加するというシステムではないということ。過剰に摂取した分は脂肪になるのだ。

また、アミノ酸は、エネルギーとして代謝されることもある（図4）。

図5は、体内のタンパク質の代謝回転を示している。体内のタンパク質が、常に新しく作りかえられていることがわかるだろう。

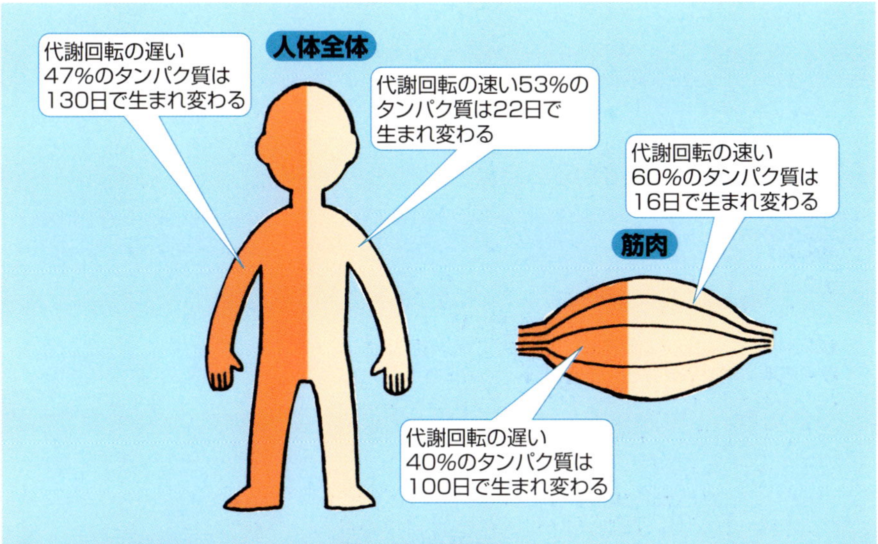
人体全体
代謝回転の遅い47%のタンパク質は130日で生まれ変わる
代謝回転の速い53%のタンパク質は22日で生まれ変わる
筋肉
代謝回転の速い60%のタンパク質は16日で生まれ変わる
代謝回転の遅い40%のタンパク質は100日で生まれ変わる

図5 人体の臓器のタンパク質の代謝回転

5 ビタミン

1 ビタミンの消化と吸収

脂溶性ビタミンは、通常、脂質とともに存在し、吸収される際も脂質に混ざって腸管から吸収される。そのため、脂溶性ビタミンを多く含む食品は、油を用いて調理したり、肉などの脂を含む食品と同時に食べることによって吸収率が高くなる。

吸収された脂溶性ビタミンは、脂質とともにキロミクロンを形成し、リンパ管を経て血液中に放出される。

水溶性ビタミンは、そのまま小腸で吸収され、門脈を通って肝臓に運ばれる。

腸内細菌によって作られたビタミンは、大腸で吸収され、各組織で利用される。薬などの影響で腸内細菌が少なくなると、ビタミンの供給量が減少し、欠乏症となることもある。下痢や便秘をしたときは、腸内細菌の数が変動するため、ビタミンの供給量も少なくなることを覚えておこう。

各組織で利用されるビタミンだが、身体に貯めておくことができないため、こまめな補充が必要だ

② ビタミンの代謝

ビタミンは、各組織で利用される。多くのビタミンの半減期（体内に貯めてある量が半分になるまでの期間）は半日なので、丸1日ビタミン摂取をしないと、体内のビタミンが欠乏してしまう。だからこそ、こまめに補充しなくてはならないのだ。ただし、1日3回の食事で少量を補充しても、数日後には足りなくなる。このように、食生活の偏りで栄養素が不足した際、最も早く症状が現れるのはビタミンである。このことが、欠乏症が明確になっている理由ともいえるだろう。

⑥ ミネラル

① ミネラルの消化と吸収

ナトリウムと塩素の多くは食塩として摂取され、そのほぼ全量が吸収される。

カルシウムは、小腸上部で能動輸送により、下部では受動輸送により吸収される。その際、ビタミンDが吸収を促進し、リンの過剰摂取により吸収が抑制される。

鉄は、肉や魚に多く含まれるヘム鉄が吸収されやすく、ビタミンCが鉄の吸収を促進する。

このように、体内に入った栄養素は互いに助け合っている。しかし、サプリメントなどで1種類のミネラルだけを過剰に摂取すると、体内でのバランスを保てなくなってしまう。すると、影響を受けたミネラルも欠乏状態になることがある。多く摂取すればするほどよい、というのは間違いであることを覚えておきたい。

② ミネラルの代謝

ミネラルは、各組織で利用され、尿中に排泄されたり、再利用されたりする。そのため、毎日摂取する量は、それほど多くなくてもよい。代謝回転の時間や体内での利用量は、ミネラルの種類によって異なる。

3 身体組成

① 身体組成とは

身体組成とは、見た目だけではわからない身体の構造上の中身を示したものである。示し方としては、一般的に、骨、骨格筋、脂肪組織（体脂肪）、血液、その他に分類して表される。アスリートにとって最も重要な部分は、骨格筋量と体脂肪量である。

骨格筋は、競技種目によって筋肉のつき方が異なるため、その分布には、特徴が出てくる。また、筋肉の断面積や量は、筋力やパワーに比例する。

脂肪組織は、皮下脂肪、内臓脂肪、組織内部の脂肪に分けることができる。体脂肪率（体脂肪の体重に対する割合）は、男性で20％以上、女性で25％以上が肥満と判定される。アスリートの体脂肪率は、競技種目によって特徴が異なるが、陸上中・長距離選手や体操選手において低い傾向が見られる。

体脂肪は少なければ少ないほどよいというものではなく、ある程度蓄えられていることが重要である。必要最低限の量としては、男性で体脂肪率約3～4％、女性で9～12％である。特に、女性の体脂肪率の低

表16 オリンピック日本代表選手の形態測定結果（1998年長野大会、2000

	男性				
	人数（人）	年齢（歳）	身長（cm）	体重（kg）	体脂肪率（%）
クロスカントリースキー	8	24.3	168.7	64.0	13.0
フリースタイルスキー モーグル	5	23.0	168.7	66.7	13.5
スピードスケート 短距離	10	23.9	174.4	78.0	14.9
スピードスケート 長距離	4	24.3	168.2	66.6	13.8
フィギュアスケート	5	20.0	170.9	64.2	13.7
ボブスレー	10	27.1	180.1	86.9	15.9
陸上競技 短距離・ハードル	12	24.6	176.6	70.1	11.4
陸上競技 長距離・競歩	6	28.7	177.2	62.8	11.6
陸上競技 跳躍	5	26.4	180.7	72.7	11.8
陸上競技 投てき	1	25.0	187.1	94.1	10.7
水泳 競泳	9	20.0	177.2	69.0	15.3
水泳 シンクロ	－	－	－	－	－
サッカー	57	22.7	178.1	72.6	13.0
バレーボール	12	28.2	190.6	83.8	13.9
体操競技	7	23.6	166.5	65.3	10.5
自転車競技 トラック	5	26.8	178.5	76.7	13.7
柔道 90kg～	3	26.3	183.6	112.6	21.7
柔道 70kg～	－	－	－	－	－
ソフトボール	－	－	－	－	－
野球	36	23.7	176.7	77.7	16.2

下は、さまざまな症状や疾病を招く（第5章参照）。

身体組成が変動する要因としては、体重、脂肪量や筋量、グリコーゲンをはじめとする糖質のエネルギー源の貯蔵状況、体水分量の変化が挙げられる。そのため、定期的に身体組成の測定を行い把握し、トレーニング効果やエネルギー摂取量が適切であるかなどについて評価する材料にするとよい。

② アスリートの身体組成

アスリートの身体組成は、体脂肪が少なく筋量が多いという特徴だけでなく、競技種目によっても特徴が現れる。表16は、オリンピックに出場したアスリートの身体組成について、いくつかの競技種目のデータである。

シドニー大会）

	女性					
除脂肪量（kg）	人数（人）	年齢（歳）	身長（cm）	体重（kg）	体脂肪率（%）	除脂肪量（kg）
55.6	8	23.0	159.2	52.9	17.3	43.7
57.7	3	22.0	162.9	55.8	17.4	46.1
66.4	6	23.8	162.0	59.1	18.7	48.1
57.3	7	22.4	162.8	58.7	18.0	48.1
55.4	5	17.4	158.0	49.1	18.3	40.1
73.0	－	－	－	－	－	－
62.1	1	25.0	171.9	67.0	17.0	55.6
55.5	6	26.0	158.9	45.1	13.7	38.9
65.6	2	25.0	173.2	55.0	15.9	46.2
84.0	－	－	－	－	－	－
58.5	12	19.8	167.2	59.4	19.3	47.9
－	9	22.6	164.5	56.7	18.6	46.1
63.1	－	－	－	－	－	－
72.2	11	24.5	172.9	65.3	18.7	53.0
58.4	3	15.0	145.7	36.9	12.9	32.1
66.1	1	32.0	162.5	51.8	15.4	43.8
87.3	－	－	－	－	－	－
－	3	23.0	163.4	83.2	27.8	59.3
－	21	25.5	165.1	66.1	22.9	50.7
64.1	－	－	－	－	－	－

（新版コンディショニングのスポーツ栄養学、P26-27、市村出版、2007より抜粋）

③ 身体組成の測定法とデータの見方

アスリートは、身体組成の測定をする機会が多いと思う。さまざまなデータが示されても、そのデータの意味やデータの見方がわからない場合も多い。また、同じ体脂肪率でも、測定法が変わることによってデータに差が出てくる。

知っておくとよい用語の説明をしておこう。

BMI

BMIは、体格の評価法の１つで、世界共通の評価法といってよい。

BMI＝体重（kg）／身長（m）^{2}

で算出することができ、BMIが18.5未満をやせ、18.5以上25未満を標準、25以上を肥満と判定している。

ただし、脂肪量が少なく、骨格筋量が多い場合には、BMIが25以上になることがある。このため身長と体重からの評価法でアスリートの体格を判断することは危険である例が多い。

体脂肪量と体脂肪率

体内の体脂肪の量を体脂肪量、体脂肪量を体重の割合で示したものを体脂肪率という。

体脂肪量＝体重×体脂肪率／100

除脂肪体重

除脂肪体重とは、体内の脂肪以外の重さのことである。除脂肪体重は、脳、骨、内臓、神経、筋肉、体液などからなる。また、このなかで変動の大きいものが、筋肉と体液ということになる。日々の除脂肪体重の変化は、主に体液、ある程度の長期間の変化は筋肉といえる。

除脂肪体重＝体重－体脂肪量

表17には、主な身体組成の測定法と得られるデータ、その特徴を示した。測定に行ったときには、データの意味を確認してほしい。

表17 身体組成の測定方法

❶体密度法

脂肪の密度は小さいが、筋肉中のタンパク質や骨中のミネラルの密度は大きい。そのため、体脂肪が多いほど身体の密度は小さく、筋肉や骨量が多いほど身体の密度は大きい。このように、身体の各組織の密度の違いを利用して体脂肪率を推定する方法が体密度法だ。これには水中体重法と空気置換法の２種類ある。水中体重法は、体重(空気中)と水中に潜った時の体重を測定して求められる体積から、肺の残気量を引いて本当の体積を出す。空気置換法は、水の代わりに専用の装置を使って体積を測定する。ただし、アスリートに体密度法を用いた場合、皮下脂肪があっても体脂肪の数値が低く出ることがある。

❷二重Ｘ線吸収法

Ｘ線を使った測定法。２種類のエネルギーのＸ線が各組織を通過する時の減衰率から体脂肪量を測定する。精度の高さは立証済みだが、１ｍR程度と微弱ながら被爆する。そのため、医療目的でない場合、この方法で繰り返し測定するのは難しい。

❸インピーダンス法

身体に微弱な電流を流して測定する方法。脂肪組織や骨は電気を通さず、骨以外の除脂肪組織は通電するという特性を利用して、電流を流した際のインピーダンスから身体の水分量を推定する。装置には、仰向けで測定するものや立って測定するもの、両手で握るものなどがある。この方法で測定する場合、毎回同じ時間に、同じ体位で、同じ場所に電極をつけるようにする。また、この測定法は体内の水分量に影響を受けるので、極端に汗をかいた後やアルコール摂取後などは測定を避ける。

❹皮脂厚法

皮脂の厚さから体脂肪を測定する方法。上腕背部と肩甲骨下部の皮膚をつまんで皮膚厚計(キャリパー)で厚みを測る。その数値を数式にあてはめると、体脂肪率が求められる。ただし、この方法では、運動習慣のない人などの全身の体脂肪率や、減量による体脂肪の変化はわかりにくい。

❺超音波法

超音波を使った精度の高い測定法。生体の組織の境界ではエコーが反射するため、皮下脂肪と筋肉が区別できる、という特性を利用している。繰り返し測定できるほか、超音波Ｂモード法なら皮下脂肪厚と筋肉組織厚が目に見えてわかる。

❻体水分法

身体の水分量から、除脂肪量や体脂肪量を測定する方法。これは、人間の体内水分は、ほとんど除脂肪組織に存在しており、その割合は一定であるという仮説を元にしている。

❼形態計量

上腕の周りと上腕背部の皮脂厚を測定し、その数値を計算式にあてはめて筋肉の体積を算出するもの。巻尺と皮脂厚計で測定できる気軽さが特徴。

column

大腸の個性と食物繊維

大腸の内視鏡検査を行ったことがある。便鮮血が認められたためだが、結果の不安より検査への興味のほうが強く、楽しみにしていた。大腸内を分泌されるもの以外すべて取り除くのは、生まれて初めての経験だ。「こんなにきれいになるものなのだ」と、検査前に感激した。

検査室にはモニターが備えつけられ、検査を受けながら私自身も大腸内を見ることができる。回腸と盲腸の境から肛門まで大腸１周を目のあたりにでき、さらに医師が説明をしてくれた。

最も驚いたことは、私の大腸を見た医師が、「あなたはアレルギーをもっているね」と言ったこと。その後のやり取りを再現しよう。

私：なぜわかったのですか？

医師：（画面でその部分を指しながら）ところどころ炎症が見られるからだよ。アレルギーのある人が食物繊維を摂ろうと野菜などを必要以上に食べると、こういう炎症が起こるんだよね。

私：最近の新しい炎症なのですか？　それとも慢性的な炎症なのですか？

医師：慢性的だね。（画面を指しながら）ひどくなっている箇所もあるでしょう？これがポリープのでき始めになることが多いんだよ。

私に衝撃が走った。胃が受けつけないほど（下痢をしてしまうほど）野菜を食べるのは、必要量を超えた食物繊維の摂取になるという認識はあった。しかし、無理なく通常に食べている量（私が考えていた必要量）で、大腸が炎症を起こしていたとは考えてもみなかったからだ。仕事柄、栄養学の知識を食生活に応用している私にとって、その事実はショックだった。

検査後、医師から、花粉症や食物アレルギーのような粘膜が関与するアレルギーのある人は、食物繊維の摂取をコントロールしないと大腸に炎症を起こすことになると聞いた。つまり、誰にでも食物繊維の摂取を勧める指導を行うべきではないこと、さらに、大腸にも個性があるので、アレルギーだけではなく、全員に対して大腸の個性を確認する必要があることを教えていただいた。

第 3 章

エネルギー代謝

アスリートは、身体活動でのエネルギー消費が一般の人よりも多い。
それだけに、エネルギーを使うことと貯めることを理解し、意識的に
コントロールできるようにしたい。エネルギー代謝についてよく知っておこう。

①体内のエネルギー

生物は、食物をとり、体内で食物を消化・吸収し、エネルギー源となる栄養素の糖質、脂質、タンパク質からエネルギーを産生する。そして、そのエネルギーを利用し、生命活動を行う。このように、生体で行われるエネルギーの獲得とその変化のことを、エネルギー代謝という。

必要なエネルギー量は、身体の大きさや活動量などにより異なる。また、食物によって摂取されるエネルギー量をエネルギー摂取量といい、生命維持のためのエネルギー量とあらゆる活動で消費されるエネルギー量の総和をエネルギー消費量という。

① エネルギーの出納

エネルギー出納が過不足なく、エネルギー摂取量とエネルギー消費量が等しい状態にある状態を、エネルギー平衡という。

エネルギーの収支バランスがとれている時は、体重は変化しない。しかし、エネルギー摂取量よりもエネルギー消費量が少ない時はエネルギー出納が正になる。反対にエネルギー摂取量がエネルギー消費量を下回るときはエネルギー出納が負になる。

エネルギー出納が正の時は、過剰なエネルギーが中性脂肪として体内に貯蔵される。これが肥満の原因である。逆に負の時は、体内に貯蔵されていたグリコーゲンや中性脂肪がエネルギーとして供給されるためやせる（図6参照）。

体重の増減の理由がエネルギーの出納のみだと考えた場合、その増減量は体脂肪の増減量とほぼ同じだと考えられる。

ここで、過剰にエネルギーを摂取して、1日で体脂肪1kgを増やした例を考えてみよう。体脂肪1kgは7000kcalと換算する。

通常の1日の活動量のままであれば、普段摂取しているエネルギー量に加えて、7000kcal分を余分に食べなくてはいけな

図6 エネルギーの摂取と消費のバランス

い。１杯約1000kcalのカツ丼を例にするなら、普段摂っている食事にプラスして、カツ丼７杯を残すことなく食べ、また、おう吐や下痢もせず、しっかり消化・吸収できた場合のみ１日で１kg体脂肪を増加させることができる、という計算になる。

次に、活動量を増やしてエネルギーを消費し、１日で体脂肪１kgを減少させることを考えてみよう。１日のエネルギー摂取量を変化させないとすると、通常、消費しているエネルギー量に加え、7000kcal分を余分に消費しなくてはいけない。ウォーキングを例にすると、体重60kgの人が１時間速歩すると、エネルギー消費量は180kcal。7000kcalを消費するには、速歩を約39時間続けなくてはならない。１日は24時間なので、速歩によって１日で7000kcal余分に消費することは不可能ということになる。また、階段上りで考えてみると、体重60kgの人が１時間階段を上ると420kcalなので、7000kcalを消費するためには約16時間半続けなくてはならない。計算上では1日で体脂肪が1kg減少するかもしれないが、肉体的に不可能である。

このことからもわかるように、体脂肪による体重の増減は、１日だけで起こるものではなく、数日以上のエネルギー出納が影響するものである。

1 体内のエネルギー

② エネルギー代謝

体内のエネルギーは、図７のように糖質、脂質、タンパク質が分解されて、ＡＴＰ（アデノシン三リン酸）の化学として獲得し、利用することによって消費されている。

糖質（グリコーゲン）は、エネルギー源となって燃焼する際、ピルビン酸までの経路を解糖系といい、また酸素を利用しないことから嫌気的解糖系とも呼ばれる。ピルビン酸は、酸素が十分存在する状況下でアセチルCoAを経てＴＣＡ回路（クエン酸回路ともいう）に入り、反応の過程で二酸化炭素（CO_2）に分解され、糖質を構成している炭素（C）と酸素（O）は消滅する。また、水素は解糖系とＴＣＡ回路において放出され、電子伝達系へと運ばれて利用されたあと、代謝水となる。この過程で、高エネルギーリン酸化合物であるＡＴＰが生じる。私たちはこのＡＴＰをエネルギー源として利用しており、この過程をエネルギー代謝過程と呼ぶ。

脂質から得られた脂肪酸は、β酸化によってアセチルCoAとなり、ＴＣＡ回路に入ってＡＴＰとなる。ＴＣＡ回路では、アセチルCoAがオキザロ酢酸と結合し、クエン酸が作られて代謝される。脂肪酸からアセチルCoAが供給されるようになると、それに応じて、オキザロ酢酸も増やさなくてはならない。その際、解糖系で産生されたピルビン酸からオキザロ酢酸を産生し補充することになる。つまり、脂質だけでＡＴＰを産生することはできないということである。また、脂質からのアセチルCoAが多く利用されることは、酸素の利用が促進されることを意味する。

タンパク質をエネルギー源として利用する場合、アミノ酸の炭素骨格の部分のみを利用する。炭素骨格はアミノ酸の種類によってピルビン酸、アセチルCoA、ＴＣＡ回路における代謝物質であるα-ケトグルタル酸、サクシニルCoA、フマル酸、オキザロ酢酸からエネルギー代謝過程に入り、ＡＴＰを供給する。アミノ酸のエネルギー源として利用するのは、飢餓状態など、糖質の摂取が減少した時や運動時などに限られる。

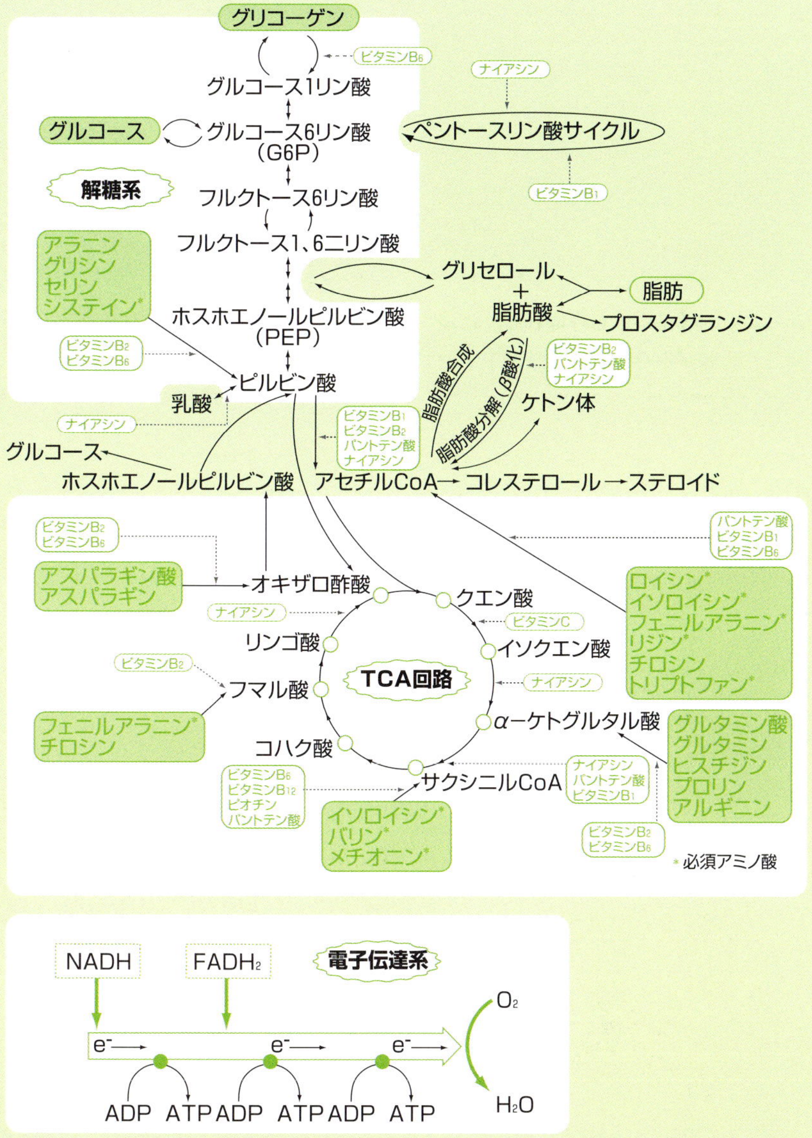

図 7 エネルギー代謝過程

1 体内のエネルギー

もっと

ATPを簡単に理解する

ATPの産生過程は、さまざまな要素が複雑に変化していくために、理解するのが難しいという声が多い。ここでは、グルコース1分子からATPが生成されるまでの過程を、わかりやすく解説しよう。

図8は、酸素が十分にあるとした場合の、肝臓におけるグルコース１分子（$C_6H_{12}O_6$）のエネルギー産生過程を表している。グルコース１分子からＡＴＰが生成されるまでには３つの過程がある。これらを工場にたとえてわかりやすく説明しよう。

まず、第１工場は解糖系という。ここでは、酸素があろうとなかろうと、グルコースからピルビン酸にされる。その際、独自に２つのＡＴＰと２水素が放出される。解糖系で作られたピルビン酸は、酸素がない場合は乳酸となり（無酸素的代謝過程）、酸素がある場合は、アセチルCoAを経て第２工場であるＴＣＡ回路へと進む（有機的代謝過程）。

ＴＣＡ回路では、ピルビン酸は二酸化炭素まで完全に分解され、独自に２つのＡＴＰが産生され、10の水素が放出される。これらの第１と第２の工場でグルコースは分解され、エネルギー源として使われる。その際、パントテン酸とビタミンB_1が補酵素として働く。

しかし、実は第１と第２の工場の役割は、ＡＴＰの直接産生よりも、第３の工場で使う水素を放出するほうが大きい。というのも、第１・第２工場がつながっていたのに対して、第３工場は独立した工場として稼働しているからである。この第３の工場を電子伝達系といい、第１、第２の工場で放出された水素を使ってＡＴＰを産生している。しかし、水素は単独では移動できないので、船に乗ることになる。この船は水溶性ビタミンのナイアシンとビタミンB_2という材料で作られており、第１・第２工場で作られた水素は、２種類の船で第３工場へと運ばれていく。

この第３工場、つまり電子伝達系には３つの滝があり、そこには水素が流れる“水素車”が３つある。水素車が１回転するとＡＴＰが１つ産生される。ナイアシンでできた船に乗った10水素は一番上の滝まで運ばれ、１水素で３つの水素車を経る。そのため、ＡＴＰが３つ産生され、トータルで水素10×３ＡＴＰ＝30ＡＴＰが産生されることになる。

一方、ビタミンB_2でできた船に乗った２水素は、２番目の滝に運ばれ、２つの水素車を経るので、２水素×２＝４ＡＴＰが産生されることになる。この時、ＡＴＰ産生に使用された水素は酸素と結合して水となる。これを代謝水という。

その結果、肝臓では、第１・第２の工場でそれぞれ作られたＡＴＰ２分子（計４分子）、さらに第３工場から放出されたＡＴＰ30分子＋４分子（計34分子）の38分子が産生されることになる。

また、このエネルギー産生過程は筋肉内でも行われる。その場合、第１工場で放出された水素はナイアシンではなく、ビタミンB_2でできた船に乗るので、ＡＴＰが２分子少なくなり、36分子のＡＴＰが産生される。

このエネルギー代謝過程では、ビタミンB_1、B_2、パントテン酸、ナイアシンをはじめとする水溶性ビタミンが補酵素として必要になるため、エネルギーの消費が多い場合には、これらのビタミンも多く摂取しなければならない。

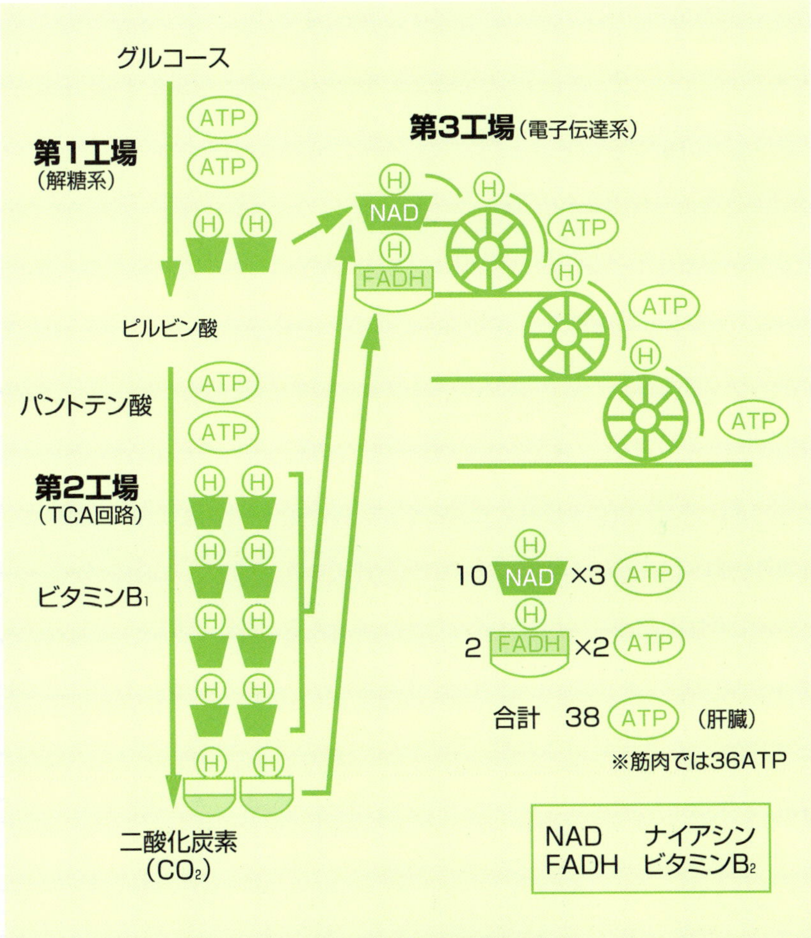

図8 グルコース1分子のエネルギー産生過程

1 体内のエネルギー

③ 呼吸比(RQ)

表18 糖質・脂質混合酸化燃焼における非タンパク質呼吸比(NPRQ)、発生熱量

NPRQ	分解割合		酸素1リットルあたりの発熱量(kcal)
	糖質(%)	脂質(%)	
0.707	0	100	4686
0.71	0.10	98.9	4690
0.72	4.76	95.2	4702
0.73	8.40	91.6	4714
0.74	12.0	88.0	4727
0.75	15.6	84.4	4739
0.76	19.2	80.8	4751
0.77	22.8	77.2	4764
0.78	26.3	73.7	4776
0.79	29.9	70.1	4788
0.80	33.4	66.6	4801
0.81	36.9	63.1	4813
0.82	40.3	59.7	4825
0.83	43.8	56.2	4838
0.84	47.2	52.8	4850
0.85	50.7	49.3	4862
0.86	54.1	45.9	4875
0.87	57.5	42.5	4887
0.88	60.8	39.2	4899
0.89	64.2	35.8	4911
0.90	67.5	32.5	4924
0.91	70.8	29.2	4936
0.92	74.1	25.9	4948
0.93	77.4	22.6	4961
0.94	80.7	19.3	4973
0.95	84.0	16.0	4985
0.96	87.2	12.8	4998
0.97	90.4	9.58	5010
0.98	93.6	6.37	5022
0.99	96.8	3.18	5035
1.00	100.0	0	5047

(Lusk G:Animal calorimetry. Analysis of the oxidation of mixtures of carbohydrate and fat. A correction. J Biol Chem,59, 41-42,1924.)

呼吸比（呼吸商）は、体内で栄養素が燃焼された時に消費した酸素量に対して発生した二酸化炭素量の体積比をいう。呼吸比は、燃焼するエネルギー源となる栄養素によって一定した値になる。糖質だけが燃焼した時は1.0、脂肪だけが燃焼した時は0.707である。われわれの呼気中の消費された酸素量と排出された二酸化炭素量から呼吸比を求めると、糖質と脂質の燃焼比がわかる（表18）。表に示されている値は、タンパク質がエネルギー源として利用されていないときのデータである。

また、呼吸比に対して酸素１リットルあたりの発生熱量が求められることから、呼吸比と酸素消費量がわかれば、発生したエネルギー量が算出することができる。糖質の燃焼割合が高くなるほど、酸素１リットルあたりの発生熱量も高くなる。一般的には、酸素１リットルあたりの発生熱量を５kcalとして扱うことが多い。

軽い運動時には、呼吸比が0.85前後と、糖質と脂質は同じ程度利用されるが、激しい運動では呼吸比0.9を超え、糖質が中心となる。呼吸比1.0は、糖質が100％燃焼した時、すなわち高強度の運動を続け、疲労困憊《こんぱい》になるまで追い込んだ時（最大の酸素摂取の状態となったとき）に見られる。

私たちの身体は、エネルギー代謝において、長時間の運動による有酸素的代謝過程で糖質も消費されるので、脂肪だけをエネルギー源として代謝することはできない。そのため脂肪が100％燃焼した0.707は生体内で存在しない。逆にいえば、生きている限り、糖質をエネルギー源とせずに生きることはできないということである。

④ 運動時のエネルギー供給

運動時の骨格筋では４つのエネルギー獲得機構をもっている（表19）。この獲得機構は、非乳酸性機構、乳酸性機構、有酸素性機構からなる。

非乳酸性機構は、骨格筋に存在するクレアチンリン酸（ＣＰ）を分解して得られるエネルギーを用いる方法である。しかし、ＣＰは骨格筋にわずかしか存在しないため、激しい運動を行った場合は数秒しか持続できない。

乳酸性機構は、骨格筋に存在するグリコーゲンを解糖系によりピルビン酸や乳酸にまで分解する過程で生じるＡＴＰを利用する方法である。骨格筋の収縮に用いられる直接のエネルギー源はＡＴＰであるが、筋細胞内のＡＴＰはごくわずかであり、これを再合成しなければ筋収縮は維持できない。その際、乳酸が生成されるため乳酸性機構という。非乳酸性機構と乳酸性機構では、酸素を必要としないため、無酸素系である。

さらに、持続的な運動になると、有酸素性機構によるエネルギー供給機構の比率が高くなり、酸素を用いグリコーゲンや脂肪からも多くのＡＴＰが生じる。

運動の強さをパワーで表現することがあるが、エネルギー獲得機構から理解しておくことも重要だ。

表19 エネルギー供給からみたスポーツ種目

エネルギー獲得機構	運動時間	スポーツの種類（例）	パワーの種類
非乳酸性機構	30秒以下	砲丸投、100m走、盗塁、ゴルフ、テニス、アメリカンフットボールのバックスのランニングプレー	ハイパワー
非乳酸性機構＋乳酸性機構	30秒～1分30秒	200m走、400m走、スピードスケート（500m、1000m）、100m競泳	ミドルパワー
乳酸性機構＋有酸素性機構	1分30秒～3分	800m走、体操競技、ボクシング（1ラウンド）、レスリング（1ピリオド）	
有酸素性機構	3分以上	1500m競泳、スピードスケート（10000m）、クロスカントリースキー、マラソン、ジョギング	ローパワー

（宮下充正：NHK市民大学　トレーニングを科学する、日本放送出版協会、1988年）

②エネルギー消費

エネルギー消費は、基礎代謝量、睡眠時代謝量、特異動的作用、活動代謝量で構成され、その総和がエネルギー消費量となる。エネルギー消費量は、日々変化するもの。特にアスリートの場合は、練習の有無、練習量、そのときの身体組成、体調により変化が大きい。

このため、算出しても、その結果は毎日のエネルギー消費量を示すものではなく、あくまでその日のエネルギー消費量としてみることになる。しかし、参考資料としての価値は大きい。

① 基礎代謝量（BMR）

❶ 基礎代謝量の測定

基礎代謝量の測定は、前日の夕食後12～16時間経過し、食物が完全に消化・吸収された状態になった早朝の空腹時に行う。その際、快適な温度条件下（暑くも寒くもない状態、通常20～25℃）で、睡眠に陥ることなく、静かに仰臥している状態で行う。

しかし、基礎代謝量を実測することはとても難しく、実際には、表20にあるように年齢別、性別の基礎代謝基準値をもとに概量を算出する。基礎代謝基準値は、多くの実測された基礎代謝量のデータをもとに、年齢別、性別に体重1kgあたり1日あたりのエネルギー量として示している。

例えば、22歳、体重50kgの女性の基礎代謝量は、

基礎代謝基準値23.6kcal／kg／日×50kg

＝1180 kcal／日　　となる。

その他の推定式には、Harris-Benedictの式［男性：基礎代謝量＝66.47＋13.75×体重（kg）＋5×身長（cm）－6.76×年齢（歳）、女性：基礎代謝量＝655.1＋9.56×体重（kg）＋1.85×身長（cm）－4.68×年齢（歳）］などがある。

筋肉量の多いアスリートの関しては、基礎代謝量を推定する式が開発されている（P79参照）。

表20 基礎代謝基準値

年齢区分（歳）	男性（kcal/kg/日）	女性（kcal/kg/日）
1～2	61.0	59.7
3～5	54.8	52.2
6～7	44.3	41.9
8～9	40.8	38.3
10～11	37.4	34.8
12～14	31.0	29.6
15～17	27.0	25.3
18～29	24.0	23.6
30～49	22.3	21.7
50～69	21.5	20.7
70以上	21.5	20.7

（厚生労働省策定　日本人の食事摂取基準2005年度版、第一出版、2005）

表21 基礎代謝に影響する要因

1	体表面積	体表面積が広い場合には、体表面からの放熱量がそれに比例して多いため、年齢・性・体重が同じであっても、身長が高くやせている人は基礎代謝が大きい
2	年齢	体重1kgあたりの基礎代謝量は、成長などのために体内代謝が活発なため、年齢の若いほうが大きな値を示す
3	性	男性のほうが、筋肉など代謝が活発な組織の量が多いため、女性よりも基礎代謝が大きい
4	体格	筋肉質の人は脂肪質の人に比べて基礎代謝は大きい。そのため、筋肉質で生活活動強度の高い人の基礎代謝は若干の補正が必要である
5	体温	皮膚表面からの放熱量が大きいため、体温が1℃上昇するごとに代謝量は13%増加するとされる。そのことから、体温が高い人は基礎代謝が大きい
6	ホルモン	甲状腺ホルモン・副腎髄質ホルモンの分泌量の多い人は、体内代謝が活発なため基礎代謝が大きい
7	季節	基礎代謝は一般に夏に低く冬に高い。特に脂肪の摂取量が少ないほど季節の影響を受けやすいとされている
8	月経	女性はエストロゲンなど女性ホルモンの分泌量の変化により、体温に影響を及ぼし、基礎代謝量は月経開始2～3日前に最高に達し、月経中に最低になる

② 基礎代謝量に影響を与える要因

基礎代謝量は、体格、年齢、性別、身体活動レベル、ホルモンなど、さまざまな因子の影響を受ける（表21）。そのため実測値は、年齢、性、身長、体重が同じ人でも異なった値を示す。また、同じ人でも、測定時の身体の状態によって異なる。

③ 臓器別エネルギー代謝量

安静時における主な体内臓器・組織のエネルギー消費量を表22（P70）に示した。全体から見ると、骨格筋のエネルギー消費量が最も大きいが、単位重量あたりでは心臓と腎臓におけるエネルギー消費量が最も大きくなる。脂肪組織は、単位重量あたり

② エネルギー消費

のエネルギー消費量が非常に低いが、体脂肪量の体内に占める割合が高いため、全体のエネルギー代謝量は大きくなる。また、骨格筋におけるエネルギー消費量は、運動時などには活動量が増えることにより、安静時に比べて数倍になる。

表22 全身および主な臓器・組織のエネルギー代謝

臓器	重量（kg）	エネルギー代謝量		比率（%）
		（kcal/kg/日）	（kcal/日）	
全身	70	24	1700	100
骨格筋	28.0	13	370	22
脂肪組織	15.0	4.5	70	4
肝臓	1.8	200	360	21
脳	1.4	240	340	20
心臓	0.33	440	145	9
腎臓	0.31	440	137	8
その他	23.16	12	277	16

体重70kgで体脂肪率が約20%の男性を想定（Gallagher, D.et al.,1998の表より作表）

同じ身長・体重の２人を車にたとえると、筋肉が多い人はガソリンが大量に必要な燃費の悪いスポーツカー、一方、脂肪の多い人は燃費はいいが過度の装飾をこらした状態の軽自動車のようなものである

② 安静時代謝量（RMR）

安静時代謝とは、基礎代謝量の測定のように姿勢や食事・室温などの測定条件を規定しないで、仰臥位（仰向けに寝る状態）、また、座位で安静（静かに休息）にしている状態で、消費されるエネルギーのことである。通常、安静時代謝量は、基礎代謝量の10～20％増しとする。

安静時代謝量は、基礎代謝量よりも測定条件が厳しくなく、簡単に測定することができる。しかし、日常生活では、基礎代謝量測定時のように食物が完全に消化・吸収された状態で測定できるわけではないので、特異動的作用の影響を多少なりとも受ける。また、生体は、常に体温を一定範囲内に維持するため、絶えず熱放射を行う。安静時代謝は、環境条件の影響を受けるので、低温環境下では筋肉を緊張させて代謝機能を高めて、熱産生を増加させる。逆に高温環境下では筋肉を弛緩して、代謝機能を低下させることで熱産生を低下させる。

③ 睡眠時代謝量

睡眠時代謝とは、副交感神経が緊張した状態にあり、心拍数が低く、骨格筋が弛緩しており、身体の動きが少ない睡眠をとっている状態におけるエネルギー代謝のことをいう。

以前は、基礎代謝レベルよりもやや低いとされてきたが、現在では、基礎代謝と同じであるとされている。

④ 特異動的作用（SDA）

特異動的作用とは、食物を食べることによってエネルギー代謝が亢進することをいい、食事誘発性熱産生（DIT）ともいう。

一般的にエネルギー消費量の10％程度といわれている。食物の経口摂取だけではなく、静脈栄養のような非経口摂取の場合でも食後、一時的にエネルギー消費量が増加する。特異動的作用によって得られた熱は、寒い時には体温の維持に利用されるが、気温が適温の場合には、単に放散される。

この代謝量は、食物中の糖質、脂質、タンパク質のエネルギー比率によって異なる。タンパク質だけを摂取した場合にはエネルギー摂取量の約30％に達し、糖質のみでは約６％、脂質のみでは約４％といわれている。高タンパク質食は、高糖質食や高脂肪食に比べ、特異動的作用によるエネルギーの消費が高い。また、唐辛子の成分であるカプサイシンやカフェインなどの刺激物でも特異動的作用が亢進される。

2 エネルギー消費

⑤ 活動代謝量

仕事、通学や通勤のための歩行、家事、身支度、スポーツなど日常生活におけるさまざまな身体活動によって亢進するエネルギー代謝を活動代謝という。活動代謝量を知ることは、個人のエネルギー必要量と各種栄養素の摂取量を決定する上で重要なことである。また、労働やスポーツにおける強度の判定を行うことができる。

1 エネルギー代謝率(RMR)

エネルギー代謝率は、生活の中で行われる動きを含めた種々の身体活動やスポーツの身体活動強度を示すものであり、活動に必要としたエネルギー量が基礎代謝量の何倍にあたるかによって活動強度の指標としている。

RMR＝（活動時のエネルギー消費量ー安静時のエネルギー消費量）／基礎代謝量
＝活動代謝量／基礎代謝量

エネルギー代謝率は、体格、性別、年齢が考慮されている基礎代謝量を基準としていることから、体格、性別、年齢に関係なく、強度を利用することができる。日常の活動と運動における強度を表23に示した。

表23 エネルギー代謝率（日常の生活活動と運動における強度）

非常に弱い運動	**1.0未満**		
読む、書く、見る	0.2	休息、談話（座位）	0.2
食事	0.4	談話（立位）	0.3
裁縫	0.5	身支度、洗面、便所	0.5
自動車の運転	0.5	机上事務	0.6
弱い運動	**1.0〜2.5**		
電車、バス（立位）	1.0	靴磨き	1.1
ゆっくり歩く	1.5	電気洗濯機	1.2
手洗い洗濯	2.2	洗濯物を干す、とりこむ	2.2
アイロンがけ	1.5	炊事	1.6
電気掃除機	1.7	掃く	2.2
草むしり	2.0	普通歩行	2.1
入浴	2.3	育児（背負う）	2.3
普通の運動	**2.5〜6.0**		
自転車	2.6	階段を降りる	3.0
雑巾がけ	3.5	急ぎ足	3.5
布団上げ下ろし	3.5	布団を干す、とりこむ	4.9
階段上る、降りる	4.6	ボウリング	2.5
ソフトボール	2.5	野球	2.7
キャッチボール	3.0	ゴルフ（平地）	3.0
ダンス（軽い）	3.0	ダンス（活発）	5.0
サイクリング	3.4	体操	3.5
エアロビックダンス	4.0	卓球	5.0
ゴルフ（丘陵）	5.0	ボート、カヌー	5.0
強い運動	**6.0以上**		
階段を上る	6.5	テニス	6.0
スキー（滑降）	6.0	スキー（クロスカントリー）	9.0
水上スキー	6.0	バレーボール	6.0
バドミントン	6.0	柔道、剣道	6.0
ジョギング（120m/分）	6.0	ジョギング（160m/分）	8.5
登山（登り）	8.0	スケート（アイス、ローラー）	7.0
サッカー、バスケットボール	7.0	水泳(横泳ぎ)	8.0
水泳（遠泳）	8.0	水泳(クロール)	20.0
水泳（平泳ぎ、流す）	10.0	腹筋トレーニング(平均)	9.6
縄跳び	8.0	バーベル運動	8.7
腹筋運動	7.6	ランニング（200m／分）	12.0

（系統看護学講座専門基礎分野3栄養学 P72より抜粋 医学書院 2005年）

２ エネルギー消費

❷ メッツ(Mets)

さまざまな身体活動時のエネルギー消費量が、安静時エネルギー消費量の何倍にあたるかを指数化したものをメッツという（表24）。メッツは、アメリカで広く使われてきたが、最近では、わが国でも運動処方などで利用されることが多くなった。メッツ（Mets）はMetabolite（代謝産物）から名づけられたもので、安静状態を維持

メッツを用いたエネルギー消費量　簡易換算式

エネルギー消費（kcal）＝1.05×エクササイズ（メッツ・時）×体重

※1.05とは、体重1kgあたりの1メッツ・時に必要なエネルギー量のこと。

1メッツ（安静時代謝）は酸素摂取量にして3.5ml／kg／分に相当。酸素1.0リットルの消費で5.0kcalのエネルギー消費する。1.05＝1メッツ×3.5ml／1000ml×1kg×60分×5kcalなので、1.05にエクササイズ（メッツ・時）と体重をかけることによってエネルギー消費量となる。

体重50kgの女性における各運動時のエネルギー消費量

同じ105kcalでのエネルギー消費量でも、強度によって運動時間が異なる

普通歩行（3メッツ）40分
→2メッツ・時
エネルギー消費量＝1.05×2メッツ・時×50kg＝105kcal

速歩（4メッツ）30分
→2メッツ・時
エネルギー消費量＝1.05×2メッツ・時×50kg＝105kcal

ランニング（8メッツ）15分
→2メッツ・時
エネルギー消費量＝1.05×2メッツ・時×50kg＝105kcal

するために必要な酸素量（酸素必要量）を性別や体重にかかわらず3.5ml/kg/分を１単位とする。

運動中のエネルギー消費量を算出する場合は、メッツ・時を使うとよい。メッツ・時は、運動強度の指数であるメッツ値に運動時間（時間）を掛けたものである。例えば、４メッツの活動を１時間実施すると４メッツ・時、２時間実施すると８メッツ・時となる。

酸素１リットルあたりの熱量数を５kcalとすると、標準的な体格の場合、1.0メッツ・時は体重とほぼ同じエネルギー消費量となり、メッツ・時が身体活動量を定量化する場合に頻繁に使われている。

エネルギー消費量は、メッツを用いた左ページの簡易換算式で簡単に算出することができる。ただし、この計算式は、標準的な体格の人に対して使われるものである。そのため、体脂肪が少なく筋量が多い人や、ある種目の動作に関して身体が効率よく動く場合には、大きな誤差が生じやすい。

表24 さまざまな身体活動におけるメッツ

メッツ	活動内容
1.0	静かに座って過ごす
1.5	座位での電話、読書、食事、運転
2.0	着替え、歯磨き、手洗い、シャワーを浴びる
2.5	ストレッチング、キャッチボール、軽い掃除
3.0	普通歩行（平地、67m/分）、ウエイトトレーニング（軽・中程度）、ボウリング
3.5	家での体操（軽・中程度）、ゴルフ（カート利用、待ち時間除く）
4.0	速歩（平地、95～100m/分）、水中運動、卓球
4.5	バドミントン、ゴルフ（クラブを自分で運ぶ、待ち時間除く）
5.0	ソフトボールまたは野球、子どもの遊び（石蹴り、ドッジボールなど）
5.5	自転車エルゴメータ（100ワット）
6.0	ウエイトトレーニング（高強度）、ジャズダンス、バスケットボール
6.5	エアロビクス
7.0	ジョギング、サッカー、テニス、スケート、スキー
7.5	登山（約1～2kgの荷物を持って）
8.0	サイクリング、ランニング（134m/分）、水泳（クロール：ゆっくり）
10.0	柔道、空手、キックボクシング、ラグビー、水泳（平泳ぎ）
11.0	水泳（バタフライ）、水泳（クロール：速い）、活発な活動
12.0	ランニング（階段を上がる）

（厚生労働省「健康づくりのための運動指針　エクササイズガイド2006」より抜粋）

③ 動作強度(Af)

日常の動作の強度が、基礎代謝の何倍にあたるかを１分あたりの指数で示したものを動作指数という。「第六次改定　日本人の栄養所要量」における食事摂取基準において、エネルギー消費量を求める方法として活用している。

活動に対するエネルギー消費量(kcal)
＝基礎代謝量(kcal／分)×動作強度(Af)×時間(分)

④ 酸素摂取量

日常活動のエネルギー消費量は、安静時状態や活動中の酸素摂取量を測定することで間接的に算出できる。通常の食事をしている場合、１リットルの酸素摂取量は、およそ5kcalのエネルギー消費量に相当する。

トレッドミルや自転車エルゴメーターなどの運動負荷装置を用いて運動負荷テストをすると、各運動負荷レベルにおける酸素摂取量と心拍数との関係を明らかにすることができる。これは、運動処方における運動強度の決定に利用されることが多い。

運動負荷テスト中、これ以上運動継続できなくなる負荷での酸素摂取量を最大酸素摂取量といい、呼吸循環機能の指標として用いられる。

⑥ エネルギー消費量の測定

エネルギー消費量の測定には、次に紹介するような方法がある。

❶直接的測定法

外気と熱の交流を遮断した部屋（代謝チャンバー）の中に人が入り、身体から発散する熱量を室内に循環する水に吸収させて、その際の温度上昇によって、発散した熱量を測定する方法。このチャンバーは、睡眠、食事、軽い運動など、被検者が自由に動き普通の日常生活ができるほどの大きさを持ち、24時間以上にわたるエネルギー消費量を正確に測定することができる。

❷間接的測定法

一定時間内に消費した酸素量と発生した二酸化炭素量、尿中に排泄された窒素量から、体内で燃焼した糖質、脂質、タンパク質の量を算出し、さらにこの値から発生した熱量を求める方法である。

❸二重標識水法

酸素の安定同位体である^{18}Oおよび水素の安定同位体である^{2}H（重水素）で、二重に標識した水を一定量摂取し、安定同位体の自然存在比よりも高い状態にする。そして、これが再び自然存在比に戻るまでの間に、体外へ排出された安定同位体の経時変化からエネルギー消費量を推定する方法である。この方法で使用される安定同位体は、通常の飲料水中にも微量含まれており、人体に有害なものではないとされる。

エネルギー消費量の測定は、1～2週間をかけて行い、その期間の総消費エネルギー量を平均したものが、1日のエネルギー消費量となる。ただし、活動中の個々の動きに対するエネルギー消費量は明らかにすることができない。

精度が高く、しかも無拘束で長時間のエネルギー消費量を測定できるため、「日本人の食事摂取基準2005」では、全国レベルで測定が行われ、そのエネルギー消費量からエネルギー必要量を算定した。二重標識水と分析装置が高価であるため手軽な利用が難しいという側面ももつ。

❹時間調査法（タイムスタディ）

1日のエネルギー消費量を算定するために身支度、学校、家庭、職場などの諸活動や余暇活動などの1日の生活活動のすべてを時間的に追跡する方法。行動別の消費時間と、その行動に必要なエネルギー消費量よって、1日の総消費エネルギー量を求めることができる。

❺加速度計法

身体の動き（加速度）を感知する装置を身につけて、そのデータを基に身体活動量の測定や、エネルギー消費量の推定を行うものである。装置を装着するだけで測定できることから被検者への負担が少ない。また、身体活動量だけではなく、運動強度の測定も可能であるという利点がある。ただし、歩行時や走行時における路面の傾斜など、強度の変化に対応できないという欠点もある。

③ 身体組成

⑦ エネルギー必要量

　エネルギー必要量は、基礎代謝量から安静、睡眠、特異動的作用、活動量から得られるエネルギー消費量を引くことで算出できる。エネルギー消費量は、身体組成の変化（同じ動作でも重いものを動かすほうがエネルギーが必要となる、つまりエネルギー消費量が高くなる）、身体の使い方（効率よく動くかどうか）、体調（例えば、熱がある場合にはエネルギー消費量が高くなる）、練習の有無、練習の質や量などの活動量の変化によって日々変動する。エネルギー消費量が変動すれば、エネルギー必要量も変動するため、計算で得られたエネルギー必要量は、日々のエネルギー必要量を示しているわけではなく、調査した日のエネルギー必要量を推定したにすぎない。

　また、エネルギー消費量の算出は、１日が終わってからしか確認することができないため、エネルギー必要量も、結果として算出することになる。つまり、エネルギーのバランスは、結果としてしか評価できないわけである（Ｐ80のコラム参照）。したがって、経験から、このくらい動いたなら、このくらい食べれば、エネルギーのバランスがとれる、というように調整していくしかない。そのために必要なことが、体重や体脂肪の測定である。エネルギー必要量の把握には、日々の体重と体脂肪の変動を見ることが大切だ。

　図９には、アスリートの身体が全員違うので、参考として主な競技種目での男子アスリートのエネルギー消費量を示した。

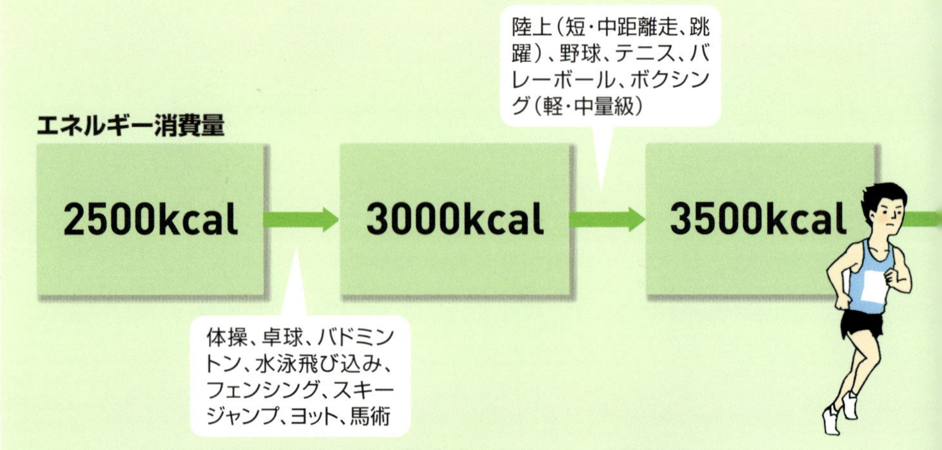

図９ トレーニング期における各種目のエネルギー消費量（男子）

アスリートの基礎代謝量を算出する方法

アスリートは、多くの場合、体脂肪が少ない身体であり、標準的な体格とはいえない。一般的には、基礎代謝の項目（P68）で示したように、基礎代謝量を体重あたりの基礎代謝基準値で算出するが、体脂肪が少ない、すなわち体重あたりの筋肉量が多いアスリートの基礎代謝量は一般的な方法では正確に算出できない。

そこで、国立スポーツ科学センター（JISS）では、アスリートのための基礎代謝量の算出式を開発した。

ここで用いられる数値は、アスリートの除脂肪体重である。アスリートは、一般の人に比べ、筋肉量が多いため、除脂肪体重は重くなる。

除脂肪体重がわかったところで、アスリートの基礎代謝量を計算してみよう。

■JISSの推定式

基礎代謝量＝除脂肪体重×28.5kcal（除脂肪体重１kgあたり28.5kcal）

例えば、体重60kg、体脂肪率15％のアスリートの場合、以下のようになる。

脂肪量＝60kg×15％＝9kg

除脂肪体重＝60kg－9kg＝51kg

基礎代謝量＝51kg×28.5kcal＝1453.5kcal

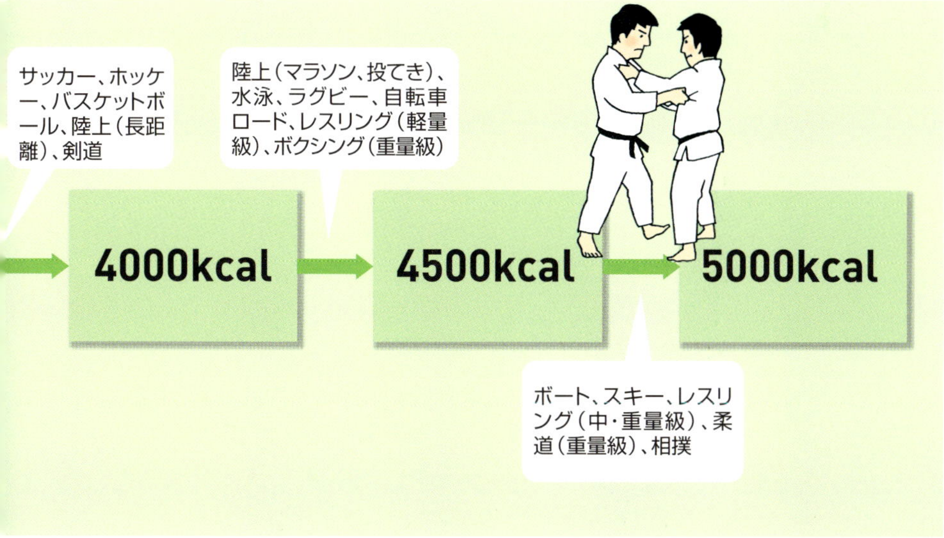

column

完璧なエネルギー平衡は、実現可能か？

私たちは、１日のエネルギー消費量とエネルギー摂取量の完璧な平衡（エネルギー消費量とエネルギー摂取量が±０kcalとなる状態）を目指すことはできるのだろうか？

例えば、私たちは「朝起きてあくびを２回して、洗面所まで15歩で歩く」ことを予測し、そのエネルギー消費量を考え、前日の夕食を食べたりはしない。また、食事のときに、肉は15回、豆腐は５回、魚は10回と噛む回数を決め、消化器系でのエネルギー消費量を考えて食べることもない。さらに、気温を予想して、体温調節で使うエネルギーを考えて食べる量をコントロールすることもない。理屈ではエネルギーの平衡状態を作り出すことはできても、実際には難しいことがわかるだろう。

このように、エネルギー消費量に影響する活動、環境、ストレス、身体の調子や使い方などの状況（変化）、消化吸収率、消化吸収を行うためのエネルギー量、精神状態などを予測して食べることは不可能といえる。このため、１日のエネルギー消費量とエネルギー摂取量の完璧な平衡を目指すことも不可能となる。さらに、食品の持っているエネルギー量を正確に把握することはできないので、エネルギー摂取量を正確に把握することもできない。すなわち、私たちのエネルギーの出納は、結果として評価することしかできないわけである。しかも、何kcalというように、正確には把握することができず、大雑把な評価として最もわかりやすいのが、体重と体脂肪率なのだ。

同じ１日は二度とないと考えると、毎日異なるエネルギーの出納状況となる。私たちは、今までの経験から、「このくらい動いたら、このくらい食べればよい」と予測値を設定して食生活を行っている。この読みが狂った時に、体重の増減を引き起こすというわけだ。体重をチェックし、増減について考察することは、予測値のブレを矯正する働きがあることを覚えておこう。

第4章

コンディショニングのための栄養

一般の人とは比べものにならないほどの運動量を日々こなすアスリート。
だからこそ、その人に合った食事をすることが
競技生活において重要となる。
ここで紹介する知識を身につけて実践してみよう。

1 自己管理

① 自己管理とトレーニング日誌

身体の声を聞いて食べる

アスリートはよく、故障とはいいきれない身体の変化を「○○に違和感が……」と言う。このように、筋肉や骨の状態などに敏感なのに、その半面で、何を食べるべきか、という点には無頓着になりやすい。外食がちで、見た目でメニューを決める人や、料理が苦手で献立や食材が限られる人などは特にその傾向がある。そのため、今何が食べたいのか、身体の声を聞いて食品や献立を選ぶことが重要だ。

人間の身体はとても正直なもの。野菜が不足していれば、「サラダが食べたい」といったように、必要なものを教えてくれるのだ。ただし、食べたいと思った食品だけでは十分ではない。

野菜＝ビタミンC、牛乳＝カルシウムというように、1つの食材に対して、代表的な栄養素1つを考えがちだが、食材には何種類もの栄養素が含まれている(P32参照)。身体は多様な栄養素を含んだ食材を摂ることで、食物を消化し、さまざまな栄養素を吸収するのだ。必要な栄養素を行き届かせるために、多くの食材を使って、食事の内容を充実させたい。

また、見た目で食べる量を決めると、つい食べすぎてしまうので、食事量も身体の声に従おう。しかし、身体が「もう十分」と信号を送った時には、すでに満腹であることが多いので食べるのをやめて残すべきである。これを防ぐために、あらかじめ盛りつける量を少なくするとよい。「腹八分目」を心がけておくと安心だ。

日誌で自分のパターンを知る

食事の管理と分析にはトレーニング日誌を活用しよう。体重（体脂肪率）、食事（質・量・食べ始めた時間）、練習内容、睡眠時間、排便の有無、体調、薬やサプリメントの使用状況、心の声、反省、よかった点、明日への目標、気象条件などを書き込む。朝一番の排尿後の体重の変化は、体内のエネルギー摂取量とエネルギー消費量との収支バランスを表しており、体重の増減から食事量と練習量のバランスを把握できる。月経周期で食事量などが変わる女性は特に、日誌をつけることで自分のパターンも理解できる。

また、心の声を記録することは、コンディションの変化との関係を把握するのに有効だ。反省点を探すだけでなく、自分のよかった点や満足感、目標を書き出してみよう。楽しい、うれしいと感じることで、身体が活性化したり、自分に必要な情報を整理したりすることができるはずだ。

ごぼう
体がごぼうを求めている…
きんぴら

月18日 晴
昼
ハムエッグ・トースト
ごはん、みそ汁
夜
さばみそ煮、冷奴
ごはん、みそ汁
豚しゃぶサラダ
きんぴらごぼう
トレーニング
ウォーミングUP
筋トレ（ベンチ
ランニング20
睡眠時間

1 自己管理

2 おやつと間食

おやつと間食を混同しない

3度の食事以外の「おやつと間食」の自己管理も重要だ。おやつはお菓子を中心とした娯楽であって、“心の栄養剤”にするもの。毎日、心の栄養剤が必要か、よく考えよう。心の栄養剤は、少量を楽しむのがベストな使い方だ。一方、間食は食事の間隔が6時間以上空いた時（就寝中は除く）に摂るものだ。エネルギーや栄養素が切れた状態で運動をすることがないように摂る軽い食事、つまり「補食」である。空腹で運動すると、練習の質が落ちるだけでなく、故障したり、練習後の食事でドカ食いしたりしがち。間食は、競技力の向上につながるものなのだ。

効果的な間食の摂り方

間食を摂るポイントは、練習前に空腹にならないタイミングに食べることと、1日に食べる総量（エネルギーおよび栄養素）を変えないこと。例えば、昼食後の間食におにぎりを食べたら、夕食ではその分ご飯の量を少なくする。

しかし、菓子パンなどは砂糖が多く含まれるため、食事に含まれるすべての糖質（穀類からのデンプンなどすべて）よりも多くの糖質を摂取しやすい。また、主に油や砂糖でできている菓子類も、同様の理由から間食には適さない。

このように間食は、食事の一部分として考えることが重要だ。

おやつと間食は別物。エネルギー切れのない状態で運動するために、間食をうまく利用したい。おやつを食べる場合は、食事の代わりでなく心の栄養剤として、「おいしいものを少しだけ」楽しむという気持ちで

「油と塩」、「油と砂糖」でできた食品に要注意！

赤ちゃんは、動きたいだけ動いて（主な活動は泣いて）、寝たいだけ寝て、お乳を飲みたいだけ飲んで成長する。どのくらい動いて、どのくらい食べるかを誰も教えていないが、これらを本能として行っているのだ。私たちの身体は、動く量（エネルギー消費量）と食べる量（エネルギー摂取量）のバランスを保つ機能を生まれながらに持っていると考えられる。この原理にのっとると、動く量が少なくなれば、それに伴い食べる量が少なくなるはず。しかし、食べる量が多くなったからといって、自然に動く量を多くすることはない。

食べる量が無意識に乱されるときを考えてほしい。身体は、動く量と食べる量のバランスをとっていると思っていても、食べる量にカウントされにくい食品を食べることによって、知らず知らずのうちに食べる量が多くなっている場合がある。それは、「油と塩」または「油と砂糖」が組み合わされた食品だ。マヨネーズ、ポテトチップ、スナック菓子、ナッツ類などの主に「油と塩」からできている食品、ケーキ、アイスクリーム、クッキー、チョコレートなどの「油と砂糖」からできている食品とアルコールである。今回はアルコールについての説明は省くが、これらの食品の共通点は、少しの量でエネルギーが高いところと、その食品だけでお腹をいっぱいにするには、たくさん食べなくては“お腹いっぱい”を感じないところだ。

例えば、マヨネーズ大さじ１杯で100kcalは、ご飯半膳分、あるいはパン2／3枚に相当する。食事の１品のなかのサラダにマヨネーズを大さじ２杯分使って食べたときと、サラダには塩をかけて食べ、マヨネーズのエネルギー分の代わりにご飯１膳を余分に食べたときの満腹度を想像してほしい。同じエネルギー量の食事を食べたとしても、ご飯を余分に食べたほうが満腹になるとイメージできるだろう。

ポテトチップは、20枚（10ｇ）でご飯1/4膳あるいはパン1/3枚に、ポテトチップ１袋（90ｇ）では、ご飯約２膳半またはパン３枚に相当する。「油と塩」の組み合わせた食品から得られるエネルギーは感知されにくいのだ。

「油と砂糖」では、満腹感があっても、デザートを出されて「別腹」と言って食べることができるように、エネルギーを感知できない。シュークリーム、ソフトクリーム、ワッフル各１個は食パン１枚に、ショートケーキ１個はご飯１膳半に、クッキー３枚がパン１枚に、アップルパイ１切れがパン２枚、あるいはご飯１膳半に相当する。お腹がいっぱいになってから、ご飯を１膳食べることはできなくても、これらの「油と砂糖」の食品は食べることができ、食べればそのエネルギーはしっかりと体内に蓄えられてしまうことを忘れないでほしい。

「油と塩」、「油と砂糖」の食品は、あらかじめどのくらい食べるかを決めてから食べるようにしよう。決めた量を食べたあとに必ずや食品から“誘惑の声”がかかるはずだが、それをしっかり断る勇気を持つことが必要だ。

② 内臓疲労

疲労するのは筋肉だけではない

練習や試合で疲れた筋肉をマッサージなどでケアすることは、今や常識である。しかし、あまり知られていないのが、「筋肉が疲れている時は、内臓も疲れている」ということ。よいパフォーマンスのためには、内臓を良好な状態で維持することも重要である。

なかでも特に注目したいのが肝臓だ。成人で1200gにもなる大きな臓器だけあって、その役割は大きい。吸収された栄養素はほとんど肝臓に送られ、栄養素の利用やアルコールなどの解毒が行われる。また、糖や脂質、タンパク質、ビタミン、ホルモンなど重要な代謝も肝臓が担っている。消化管にある食塊を消化・吸収するエネルギー、体温を維持するエネルギー、見たり聞いたりするための活動に使うエネルギーなど、生きる上で必要なエネルギーは、肝臓が供給しているのだ（P46）。

エネルギー代謝の中心はブドウ糖である。血液中のブドウ糖の濃度を血糖値というが、これが低くなりすぎると生命維持の危機となるため、血糖値は常に一定の範囲内に守られる。長時間の運動ではエネルギー源として脂肪が使われるが、糖が必要ないわけではない。運動時には、筋肉中でブドウ糖の利用が激しくなる。そこで、筋肉中のグリコーゲンを利用し、さらに足りなくなると、血糖を利用しはじめる。血糖は血液中に一定量なくてはならないので、この間、肝臓が蓄えたグリコーゲンをブドウ糖に分解したり、アミノ酸や乳酸をブドウ糖に作り変えたりして血糖を一定の範囲に維持する。

このように肝臓は、１日中、吸収された栄養素の処理だけでなく、血糖値の維持なども行っている。つまり、運動をすることは、肝臓に余分な仕事をさせることなのだ。当然、肝臓は疲労していく。その状態で運動すれば、さまざまな代謝がうまくいかず、パフォーマンスが低下する。不調の原因がわからないときは、肝臓の疲れを疑うべきだろう。長年の経験からも、特に男性の選手にはこの傾向が見られる。

疲労した内臓の負担を減らす

肝臓を疲れさせないためには、運動しすぎないのが一番だが、それでは競技力の向上にはならない。そこで、肝臓の負担を減らす食事を勧めたい。きつい練習や試合のあとには、消化に時間のかかる食べ物や調理法を控えるのだ。

「今日は疲れたからスタミナをつけよう」と、焼肉や天ぷら、すき焼きなど油や肉を使った料理を大量に食べると、運動で疲れた肝臓に追い討ちをかけてしまう。その上、肝臓で解毒されるアルコールを摂取すれば、肝臓はさらに疲れ、回復するまでに時間がかかることになる。

疲れた日の夕飯は、肝臓が激しく働く時間が少なくなるよう、消化のよいものを食べて肝臓の疲労を防ぎたい。その結果、栄養素が不足することもあるだろう。そんな時は、何が足りないか、身体の声を聞こう。身体が求めるものが消化に時間がかかるものなら、オフの日や昼食で摂り、夜は消化のよいものを選ぶようにする。すると、肝臓の疲れを翌日に持ち越さず、常によい状態でパフォーマンスできるはず。

同じ練習をしていても、筋肉の疲労の度合いが選手によって違うように、内臓に対するダメージも人それぞれだ。また、内臓の質や動き、疲労までの時間には個人差がある。だからこそ、日常の食事も、その人に合ったものを摂るのがよい。しかし、それは特に難しいことではなく、消化にあまり時間がかからない調理方法や材料を選んだり、量を調整したりすることで対応できる。そうやって身体の、特に内臓の声に耳を傾けるようにしよう。内臓の状態を良好にキープすることが、アスリートのコンディショニングには重要なのだ。

3 エネルギー補給

① エネルギー補給とは

三大栄養素がエネルギー源

人間の身体は、筋肉や内臓などを動かすにもエネルギーを消費する。つまり、生きているだけでエネルギーを消費する。それを補給するために、人間は食事を摂るのだ。アスリートはさらにトレーニングでもエネルギーを消費するので、エネルギー補給は多くなる。

エネルギー源となる栄養素は、糖質（炭水化物）、脂質、タンパク質であり、これを三大栄養素という。なかでもエネルギー源として一番使われるのは糖質で、体内で１gあたり４kcalのエネルギー源となる。成人が食事から得られる糖質は約300gで、これはエネルギー摂取量の約60％にあたる。糖質は、グリコーゲンとして肝臓と筋肉に貯蔵され、筋肉量が多いほどグリコーゲンの貯蔵量が多い。

タンパク質も１gあたり４kcalのエネルギー源となるが、脂質は１gあたり９kcalと、糖質やタンパク質の２倍のエネルギー源となる。脂質は中性脂肪として皮下脂肪、腹腔、筋肉間結合組織などに貯蔵される。

運動時のエネルギー源

運動時、筋肉中ではエネルギー源としてブドウ糖がさかんに使われる。糖が不足すると、筋肉中のグリコーゲンが利用され、それでも足りないと血糖が使われる。つまり、運動強度が高くなると、筋肉は急激にグリコーゲンを消費するのだ。低強度であっても、運動時間が長くなるにつれて筋肉のグリコーゲンは消費される。糖質からだけでは足りない分を脂肪で補うことができるが、一定量はブドウ糖から消費するので、グリコーゲンの利用が増大する。しかし、その際も糖質はある程度消費されている。だからこそ、よいパフォーマンスには

筋肉中のグリコーゲンの回復が重要となる。そのためにも、グリコーゲンの材料となる糖質を適切に補給しなければならないのである（P116参照）。

必要な糖質量の目安は、トレーニングの内容やアスリートの体格によって異なるが、体重50kgなら1日最低350gは必要である。食事として摂取する総エネルギーが2500kcalなら、その55％は糖質で摂ることになる。これはご飯なら毎食３杯分だが、実際の食事には砂糖なども含まれるので、主食以外からも糖質を摂ることになる。アスリートは、自分が１日にどのタイミングでどのくらい糖質を摂取しているのか、把握しておこう。

運動と運動の間の休息時間が８時間以内の時は、運動終了後できるだけ早く糖質を補給する。こうすることで、筋肉中のグリコーゲンを速やかに回復させることができる。

一方、運動と運動の間の休息時間が24時間ある場合は、食事の際に糖質を多く含む食べ物（P90～91参照）を食べるようにする。ここでは、ある程度時間がかかっても、筋肉中に十分な量のグリコーゲンを補給することが目的になる。

糖質摂取への正しい理解を！

小さい頃から競技関係者に、「やせたいならご飯を多べるな！」と教育されているせいか、陸上競技の中・長距離選手には「ご飯を食べると太る」と信じている女子選手が多い。そうした選手は野菜や海藻、果物は食べるが、ご飯は多くて半膳。菓子などの甘いもの、揚げ物など油を使った料理やドレッシング、肉の脂身は食べない。「筋肉のためにタンパク質は大切だ」と教育を受けているため、ほどほどの肉類、魚介類、乳製品、卵、豆・豆製品は食べる。

この食事を毎食１週間くらい続けると、さまざまな栄養素が不足する。特に問題なのが、生きるために必要な糖質の不足。すると、糖質のなかでも吸収の早い「甘いもの」を食べようとする欲求が起こる。しかし、「甘いものは食べるな」と言われ続けている選手たちは、このことに罪の意識を感じ、「意志が弱い」と自分を責める。しかし、これは本能が身体を守るために起こした現象なのである。罪悪感を覚える必要はまったくない。

糖質摂取を少なくすることは、選手にとって悪いことはあってもよいことは１つもないのである。

アスリートに限らず、食事での穀類からの糖質摂取量が少ない人は、食事と食事の間におやつを食べていることが多い。これは、食事からだけでは糖質が足りないため、不足分を甘いもので補充しようとする身体の欲求なのだ。この場合、まずは食事で穀類をしっかり食べているかを見直すこと。食事で穀類を適量食べるようになると、おやつを食べることがなくなるはず

③ エネルギー補給

② 糖質を多く含む食品

めし

茶碗1杯
150g
252kcal
糖質55.7g

めし

どんぶり 1杯
350g
585kcal
糖質127.4g

食パン

6枚切り 1枚
60g
158kcal
糖質28.0g

うどん

ゆで1玉
200g
210kcal
糖質43.2g

もち

1切れ
50g
118kcal
糖質25.2g

コーンフレーク

1人前
40g
152kcal
糖質33.4g

かぼちゃ

煮物1人前
100g
91kcal
糖質20.6g

じゃがいも

1個
100g
76kcal
糖質17.6g

バナナ

1本
100g
86kcal
糖質22.5g

オレンジジュース

1杯
200g
84kcal
糖質21.4g

カステラ

1切れ
50g
160kcal
糖質31.6g

どら焼き

1個
80g
227kcal
糖質47.1g

あんまん

1個
80g
225kcal
糖質41.0g

あんパン

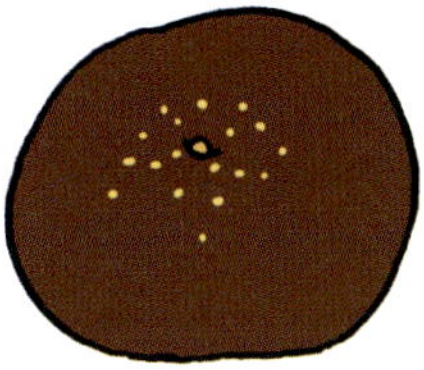

1個
100g
280kcal
糖質50.2g

クリームパン

1個
100g
305kcal
糖質41.4g

ジャムパン

1個
100g
297kcal
糖質54.5g

4 アスリートの食事

① 省エネな身体、超省エネな身体

① 省エネな身体とは

1週間で3kg太るのは大変

アスリートは、たった1週間で3kgも太ることがある。特に、女性にこの傾向が多い。

一般の人が1週間に3kg太るには、活動量を最小限に減らし、エネルギー摂取量をできる限り増やして脂肪として蓄えねばならない。脂肪は1g当たり9kcalだから、3kg（3000g）の脂肪は27000kcalのエネルギーに換算される。これを1週間で摂取するには1日約3860kcal。さらに生きるために必要なエネルギー量や活動ためのエネルギー量を加えると、1日の食事は少なくとも約5300kcal分は必要となる。1杯900kcalのカツ丼なら6杯分のエネルギーだ。1日3食にプラスして2杯のカツ丼を7日間食べ続ければ3kg太るが、その前に胃腸が悪くなるだろう。

1週間に3kg太るのはこれほど大変なことなのだが、女子アスリートには起こりうる。それは、彼女たちが少ないエネルギーでたくさん動ける「省エネな身体」であるからだ。

省エネな身体は自然の摂理

一般的に、活動量（消費するエネルギー量）が多ければ、食べる量（摂取するエネルギー量）も多くなる。理屈からいえば、運動などで活動量が増えれば、内臓の許容量以上の食事が必要になるが、人間が食べられる量には限界がある。そのため、アスリートたちは、食事量以上の活動量をこなすことになる。これを続けると、エネルギーの無駄遣いをしない、つまり省エネな身体になる。基本的に活動量よりも少ないエネルギーを摂取し続けるため、故障や練習量の軽減（活動量の減少）によって身体は本来のバランスを保つようになり、摂取と消費のエネルギー量を合わせる。そのため、アスリートは故障中やオフ期でも練習があるときと同じだけ食べ、食べる量を変えないのだ。

その結果、体重は増加する。これは自然の現象であり、自己管理が甘いわけではない。むしろ、年に1度のオフ期に本来の身体に戻すほうが良い。ただし、次のシーズンに影響が出ないよう体重増加量の上限を定めるのが鉄則だ。

一般人が体重を１週間で３kg増やすのは大変だが、エネルギーを無駄遣いしない「省エネな身体」になっているアスリートの場合は、活動量が減少しただけで簡単に増えてしまう

4 アスリートの食事

2 超省エネな身体とは

超省エネな身体の危険性

さて、こうした「省エネな身体」の人が、活動量を変えずに食事の量を減らしたり、活動量を増やして食事量を変えなければ、「超省エネな身体」になる。

「超省エネな身体」が日常的になると、エネルギーやあらゆる栄養素が不足する。すると、身体は足りないエネルギーや栄養素を獲得しようとする。頭では食べたくないと思っていても、身体は生命の危機を感知し、「ドカ食い」をさせるのだ。

これもまた自己管理の甘さではなく、当然の現象だ。「超省エネの身体」になると、ホルモンや摂食などのバランスも崩しやすくなり、故障や精神状態にも影響が出やすい。

「普通の身体」から「省エネな身体」になる過程、「省エネな身体」から「超省エネな身体」になってしまう過程

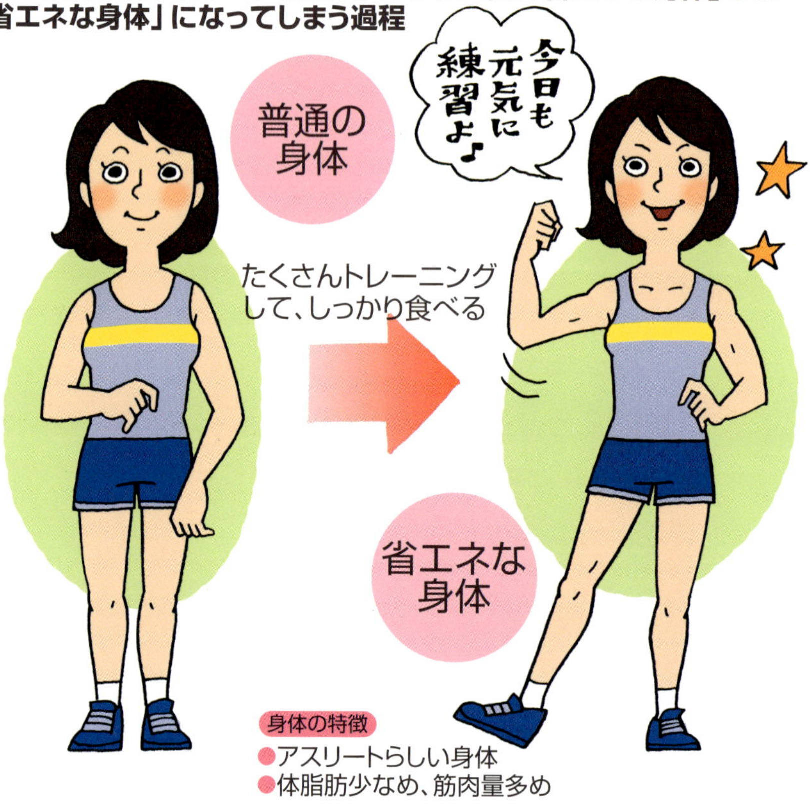

今日も元気に練習よ♪
普通の身体
たくさんトレーニングして、しっかり食べる
省エネな身体
身体の特徴
●アスリートらしい身体
●体脂肪少なめ、筋肉量多め

自分の「省エネ度」を把握しよう

「超省エネな身体」は、少しでも食べすぎれば太る身体である。人間の身体は、飢餓状態になっても脂肪を利用して何日か生きられるように、ある程度の脂肪を蓄えるシステムが備わっている。身体は適度な脂肪を蓄えた本来の状態に戻す努力をするもの。飢餓状態で練習を続けている「超省エネな身体」だと、少しでも余分なエネルギーがあれば、なおさら蓄えようとしてしまうのである。

アスリートは「超省エネな身体」にならないよう気をつけてほしい。また、自分の省エネ度を把握するためにも、朝一番の排尿後に体重を測定し、練習を含む活動量、食べた物や量を記録する習慣をつけるようにしよう。

超省エネな身体
さらにたくさんたくさんトレーニング、でも食事は我慢
いつもさむい…
食べたい！けど食べたら負けよ!!
忍びよるケガの不安
精神的不安
引退の危機…

身体の特徴
- やせすぎ、体脂肪が極端に少ない
- 筋肉が細く、筋肉量が少ない

②「超省エネな身体」を改善する食生活

「省エネな身体」に改善する

アスリートが「超省エネな身体」になるとホルモンや摂食などのバランスが崩れ、故障や精神状態に影響が出る。また、女子選手の場合、極端に体脂肪率が低くなって無月経となり、さまざまな影響が出る。だからこそ、超省エネな身体は省エネな身体に改善しなければならない。まずは身体や食生活の状態を把握し、食生活から変えていこう。超省エネな身体の人はエネルギー摂取量を少なくしようとするあまり、食事が乱れやすい。なかには、「少ししか食べられないなら好きなものを食べたい」と、お菓子ですませる人もいる。まずは1日1食はきちんと食事をする習慣をつける。

次に、エネルギー消費量とエネルギー摂取量の差を徐々に少なくしていく。超省エネな身体はエネルギーの無駄使いをしないため、多く食べればその分体重（体脂肪）を増やそうとする。少ない体重のまま改善するのは難しいので、一時的な1～2kgの増加は覚悟しよう。

改善には「時間」と「勇気」が必要

実際に、糖質摂取量の増やし方を、実例をもとに解説しよう。

最初に朝食でご飯2口からご飯半膳に増やして、2週間から1カ月様子を見る。体重が増えないことを選手自身が確認したら昼食を半膳にし、体重が増えないことを確認したら夕食を半膳にし、体重が増えないことを確認したら、朝食を軽く1膳にする。その後は同様に、体重増加がないことを確認したら昼食、夕食、また朝食と段階的に増やしていく（図10）。

とても気長な矯正の仕方ではあるが、急に糖質の量を上げてしまうと、今までギリギリであった分、蓄えようとする力が強く働き太る。そのため、徐々に糖質の量を増加させて、身体になじませていくのだ。筆者がサポートしている選手たちも、1年半かかったものの、この方法で、1食につきご飯2口だったのが、1食で250～300g食べるようになった。体重は増えることなく、体脂肪が減っている。

超省エネな身体である期間が長いほど、「安心してエネルギーをたくさん使って運動してよい」と身体が理解するまで時間がかかる。しかし、食べる量を急に増やすと、体重も急に増えるため、アスリートや指導者は、再び食べる量を減らしてしまう。「超省エネな身体」の改善には、勇気と時間が必要なのだ。

超省エネな身体の人はドカ食いをしやすい。これは、身体が栄養を求めているから起こる自然現象なのだ。どうしても超省エネな身体を改善できない場合は、オフシーズンにはある程度脂肪をつけて、身体のメンテナンスをするようにしよう。

ステップ	実施内容	朝食	昼食	夕食
START	3食ともご飯2口でスタート	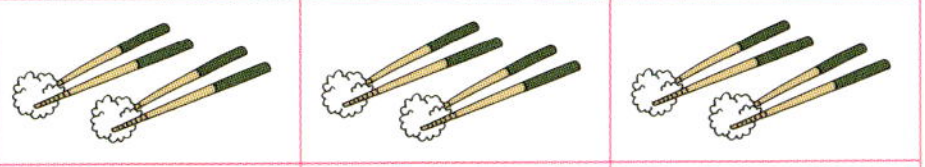		
STEP1	朝のみご飯半膳にして2〜4週間。体重が増えなければSTEP2へ	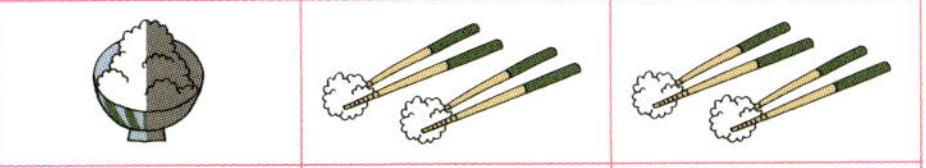		
STEP2	朝・昼をご飯半膳にして2〜4週間。体重が増えなければSTEP3へ			
STEP3	3食ともご飯半膳にして2〜4週間。体重が増えなければSTEP4へ	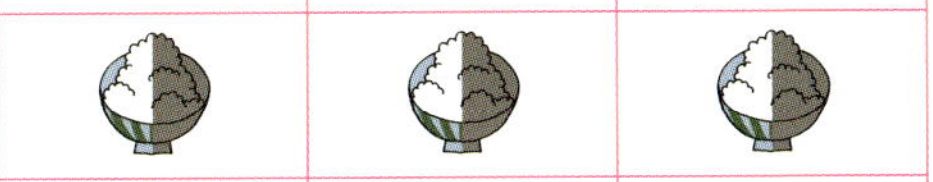		
STEP4	朝のみご飯1膳にして2〜4週間。体重が増えなければSTEP5へ			
STEP5	朝・昼をご飯1膳にして2〜4週間。体重が増えなければSTEP6へ			
STEP6	3食ともご飯1膳にして2〜4週間。体重が増えなければSTEP7へ			
STEP7	朝のみご飯1膳半にして2〜4週間。体重が増えなければSTEP8へ			
STEP8	朝・昼をご飯1膳半にして2〜4週間。体重が増えなければSTEP9へ			
STEP9	3食ともご飯1膳半にして2〜4週間。体重が増えなければSTEP10へ			
STEP10	朝のみご飯2膳にして2〜4週間。体重が増えなければSTEP11へ			
STEP11	朝・昼をご飯2膳にして2〜4週間。体重が増えなければSTEP12へ			
STEP12	3食ともご飯2膳にして2〜4週間。体重が増えなければ、ゴールへ			
GOAL	状況に応じて適量をコントロールできる			

図10「超省エネな身体」からの改善例

4 アスリートの食事

③ 消化器を強くする食事

消化器系の弱さは競技力に影響

「身体を大きくしたいのにたくさん食べられない」「食べても筋肉がつかない」「食べても貧血が改善しない」といった悩みを抱えるアスリートは多い。これらの原因は消化器系の弱さや不調である。消化器系とは、食物の摂取、消化、吸収、便の排泄のための臓器のこと。口腔から食道、胃、小腸、大腸、肛門までの消化管と消化液を分泌する消化腺が含まれる（P40参照）。

身長や体重に個人差があるように、消化器系の機能にも個人差があり、消化管の動きが弱い人や、消化液の分泌の悪い人がいる。日常生活では問題はないが、アスリートは運動で消費した大量のエネルギーを食べて補わなくてはならないため、消化器系の弱いアスリートは、運動量が増えるほど支障が出やすくなる。

消化器系の負担を軽くする

消化器系が弱いタイプには、「食べられないタイプ」と「食べても身体に効果が出ないタイプ」がある。前者は、身体には胃が受けつける量が決まっているため、食事内容に関係なく胃がいっぱいになったらそれ以上食べられない。食べる量と質が運動量に見合っていれば問題ないが、足りなければ無理をして食べることになる。

一方、後者は食べたものを効率よく消化し、栄養素や栄養成分をスムーズに吸収するのが苦手だ。

この２つのタイプには共通点がある。１つは食べたものが消化して吸収される割合が低いということ。もう１つは早食いの人が多いということ。これは、満腹中枢からの指令が来る前にたくさん食べなくてはならないため。早食いの人はよく噛まないので、胃や腸での消化に負担と時間がかかる。よく噛めば唾液の分泌が増えるので、糖質の消化促進や消化管への移動も促進され、消化管の負担も減る。

よく噛んで食べると時間がかかるため、結果的に食事量が減ることもある。たくさん食べて消化しきれず排泄される量が多い状態から、少量でもしっかり消化して無駄なく吸収すれば、消化器系の負担も少なくなるのだ。

例えば、胃の容量の120％食べて消化率が70％だと吸収は84％となるが、無理なく90％食べても95％の消化率だと85.5％の吸収となる。しっかり噛んで、おいしいと感じたまま食べ終える量を把握し、その量でエネルギーをしっかり確保できる献立を考えよう。

栄養素が不足する場合は、サプリメントや間食で補ったり、食事の回数を増やしたりする。ただし、サプリメントは、栄養学の知識がないと使いこなせないので、専門家の指導を受けることが必要だ。

食材や調理法に工夫する

内臓を疲れさせないことも大切なポイントだ。消化器系の働く時間が短時間ですむ食材や調理法を選ぶようにしよう。油やタンパク質、食物繊維を多く含む食品は時間がかかるので、量を加減するようにするとよい。

一方、練習が休みの日は消化に時間のかかる食品や調理法の料理をたくさん食べよう。休みの日にエネルギーや栄養素をしっかり蓄えることで、翌日からの練習に備えることができるはずだ。

消化器系の弱いアスリートは食事への関心や欲求が低く、食べることを義務的にとらえがち。しかし、おいしいと感じることは食事の上で最も大切である。自分に合った食生活を楽しむことは体調管理の第１歩であり、競技力アップに導くということを覚えておこう。

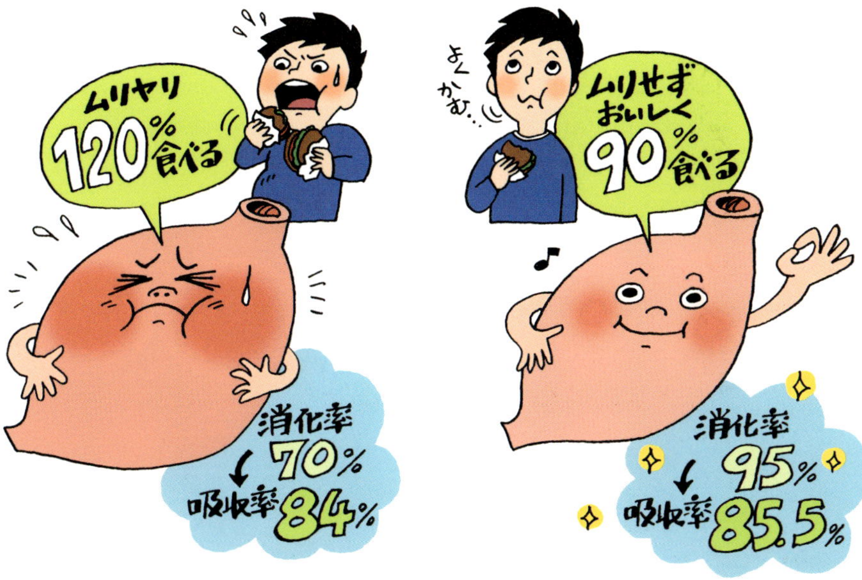

たくさん食べても、それが吸収されなければ意味はない。少量でもしっかり消化して無駄なく吸収したほうが消化器系の負担も少ない。まずはよく噛んで食べることが大切だ

4 アスリートの食事

4 食品と食品群

栄養バランスのとれた食事を摂ることは、しっかりした身体をつくること。そのため、己の身体でよりよいパフォーマンスを目指すアスリートにとって、食事は重要な意味を持つ。

そこで、具体的な食事について知る前に、食品にはどんなものがあるか知っておこう。また、食品は、単独の栄養素でできているわけではない。たくさんの栄養素の集合体であることを知ろう。

18品目群別食材の代表例

① 肉類

牛肉、豚肉、鶏肉、ベーコン、ロースハム、ウインナーソーセージ、内臓類
食肉類にはタンパク質が約15～25%、脂質が約3～30%、そのほかビタミンやミネラルが含まれている。

② 乳類

牛乳、ヨーグルト、チーズ、アイスクリーム
牛乳にはタンパク質や脂質、糖質、ビタミン、ミネラルが含まれている。

③ 卵類

鶏卵、うずら卵
卵類には脂質が約34%、タンパク質が約15～16%、そのほかビタミンやミネラルが豊富に含まれている。卵黄にはコレステロールとリン脂質が多い。

④ 魚介類

うに、えび、かつお、かに、かれい、さけ、さば、さんま、たい、まぐろ、いか塩辛、いわし丸干し、シラス干し、うなぎ、かつお節、たらこ、かまぼこ、さつま揚げ、魚肉ソーセージ、あさり、かき、しじみ、缶詰類

魚介類には良質なタンパク質が約15～20%、脂質が約1～25%、その他にビタミンやミネラルが含まれている。魚類の脂質には血小板凝集抑制作用があるEPA・DHAが、貝類やえび・かに・たこにはコレステロールが含まれている。

⑥ 野菜類

① 色の濃い野菜

オクラ、かぼちゃ、グリーンアスパラガス、グリーンピース、さやいんげん、さやえんどう、春菊、ニラ、ニンジン、葉ネギ、ブロッコリー、ホウレンソウ

色の濃い野菜には、水分や糖質、食物繊維のほか、ビタミンやミネラルが豊富に含まれている。

② 色の薄い野菜

カリフラワー、キャベツ、きゅうり、ゴボウ、ピーマン、大根、タケノコ、玉ねぎ、トマト、ナス、レタス、もやし、セロリ、白菜、レンコン、ネギ

色の薄い野菜には、水分、糖質、食物繊維、ビタミン、ミネラルが含まれている。

⑤ 藻類

のり、昆布、寒天、ひじき、もずく、わかめ

藻類には、食物繊維とミネラルが含まれている。

⑦ きのこ類

えのきだけ、しいたけ、しめじ、なめこ、マッシュルーム

きのこ類には食物繊維のほか、約1～4%のタンパク質が含まれる。また、しいたけにはエリゴステロールが含まれる。

④アスリートの食事

⑧穀類

米、食パン、フランスパン、ベーグル、うどん、そうめん、冷麦、中華麺、マカロニ、スパゲティ、コーンフレークス、麩

穀類には、デンプンが約70%、タンパク質が約8～13%、脂質が約2%、その他食物繊維やビタミン、ミネラルが含まれている。

⑨いもおよびデンプン

サツマイモ、サトイモ、ジャガイモ、長芋、片栗粉、コーンスターチ

いも類には主成分であるデンプンのほか、タンパク質や食物繊維、ビタミンC、ミネラルが含まれている。また、こんにゃくは食物繊維が主成分となる。

⑩果実類

いちご、オレンジ、柿、キウイフルーツ、グレープフルーツ、スイカ、なし、バナナ、ブドウ、メロン、桃、りんご、レモン、梅干、果実飲料、ドライフルーツ

果実類は約80～90%を占める水分のほか、食物繊維やビタミンC、カリウムや糖質が含まれている。

⑪種実類

アーモンド、栗、くるみ、ごま、ピスタチオ、マカデミアナッツ、ひまわりの種

種子類にはタンパク質や脂質が豊富に含まれている。

⑫豆類

小豆、エンドウ豆、インゲン豆、そら豆、大豆、小豆こしあん、きな粉、豆腐、油揚げ、納豆、味噌、おから、豆乳、湯葉

豆類にはタンパク質や脂質、糖質や食物繊維、ビタミンなどが含まれている。

⑬ 油脂類

植物油、バター、マーガリン、ごま油、オリーブオイル

油脂類には、植物性のものと動物性のものがあり、植物性には不飽和脂肪酸が多く含まれる。一方、動物性のものには、牛・豚の脂には飽和脂肪酸が多く、魚の油には高度多価不飽和脂肪酸が多い。

⑭ 砂糖および甘味料

砂糖、黒砂糖、はちみつ、ジャム

砂糖には主成分としてショ糖が含まれており、エネルギー源となる。

⑮ 調味料および香辛料類

塩、しょうゆ、酢、トマトケチャップ、マヨネーズ、こしょう、カレールウ、ウスターソース、フレンチドレッシング

⑯ 嗜《し》好飲料類

清酒、ビール、紅茶、ココア、コーヒー、清涼飲料水

⑰ 菓子類

カステラ、せんべい、ドーナツ、スナック菓子、ビスケット、ケーキ、チョコレート

⑱ 調理加工食品類

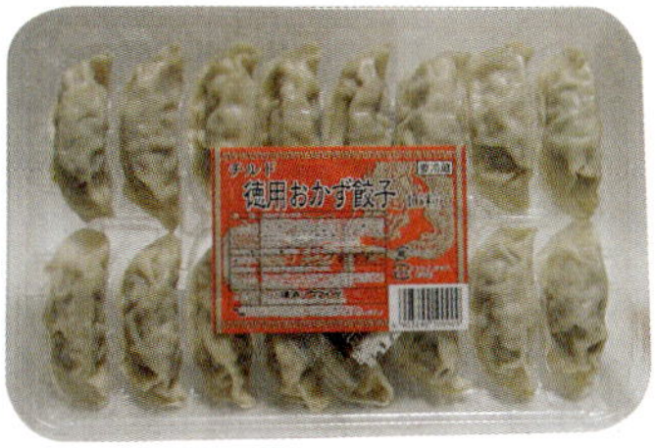

ギョーザ、コロッケ、シューマイ、ミートボール

5 アスリート食の組み立て方

1 アスリート食の原則

食はアスリートの“生命線”

　普段から質の低い食生活をしているアスリートは、その状況でも運動できる身体になっており、違和感をもたないままでいることが多い。合宿などで栄養価が高く、バランスのよい食事を摂ることができると、一時的に調子がよくなったことを身体で感じるはずだが、いざ改善しようとなると、「自分の力ではバランスのよい食事を摂ることはできない」とあきらめがちである。

　一方、普段から充実した食生活をしているアスリートが悪い食環境に置かれると、競技力が急激に低下する。それだけアスリートにとって食事は大切なのだ。

アスリート食のコツ

　充実した食事を摂ることは、コツさえわかれば難しくはない。大切なのは、「食べたい食材と食べなくてはならない食材とを、どう選択するか」ということ。

　そうした「バランスのよい食事」のために、最も大切なのは、「とにかくいろいろな食材を食べる」ということだ。一般的にご飯には炭水化物、牛乳にはカルシウムしか含まれていないと思われがちだが、ご飯にもタンパク質などが、牛乳にもビタミンAなどのさまざまな栄養素が含まれている（P34参照）。つまり、栄養素を1つしかもたない食材はない。このことを念頭において、次のページで紹介する「食材選びの法則」にしたがって食材を選べば、1つ1つの栄養素にとらわれずに食事ができるのだ。

　食材の選び方を学ぶ前に、まずアスリート食を組み立てる際に気をつけるべき6原則を紹介しよう。

アスリート食の6原則

原則❶ 食材から栄養を摂ろう

栄養について考えるあまりサプリメントに頼り切るのはNG。食材にはそれぞれ何種類もの栄養素が含まれているので、いろいろなものを食べて幅広い栄養素を摂取する。また、身体には摂取した食材から必要な栄養素を必要な分だけ摂る機能がある。サプリメントに頼って1つの栄養素だけ濃くなると、その機能が働かなくなり、全体のバランスが崩れることを知っておこう。

原則❷ 身体の声を聞くこと

この栄養素を1日何mg摂るとよい、などとよくいわれるが、数値はあくまでも目安。体質や体調によって食べたものを消化・吸収できる量も変化する。何をどのくらい食べるかは、自分の身体に合わせて判断しよう。ただし、くれぐれも食べすぎには気をつけること。

原則❸ 睡眠はしっかりと

特に男性やアスリートが疲れているときは、肝臓が弱っていることが多い。しっかり休息を取れば肝臓の疲れが減り、体内での栄養素の利用もアップする。睡眠はしっかりとるようにしてほしい。

原則❹ 朝食は必ず食べる

人間の身体は、朝起きた時、食べ物を噛んだり飲んだりすることでスイッチがオンになるようできている。そして、通勤など朝の移動はもちろん、午前中の活動エネルギーは朝食でまかなわれる。ところが朝食をとらないと、通勤時に使われた熱で身体のスイッチを入れることになる。しかし、身体にはエネルギーが入っていないので、活動し始める時には頭は眠ってしまうのだ。また、朝食を抜くと1日の流れに沿って変動するホルモンのリズムも狂い、体調不良を起こしやすくなる。朝食は抜かないこと。

原則❺ バランスよく食べる

毎食ごとに完璧な食事をするのは至難のワザ。そこで勧めたいのが、1日3食かけて必要な食材を摂る方法。食材をタンパク質、油脂類、穀類、野菜類、海草・きのこ類、果実類の6つに分類し、1日でこの6グループの食材をまんべんなく摂るようにするのだ（P106参照）。これなら朝食が充実していなくても、昼食や夕食で補うことができる。それと同時に、何を食べたか意識することで、食事の傾向や自分に足りないものを自覚することもできる。

原則❻ 1週間に2日はベストな食事を

忙しいときは、6グループの食材をまんべんなく摂るのも難しい。完璧を求めすぎて投げ出すのは本末転倒なので、まずは休日だけでも意識して6グループの食材を食べるようにする。そして、食べ方のコツがつかめてきたら、1週間を通してベストな食事を摂るようにしよう。自分にできる範囲のことから始めて、長く続けることが大切なのだ。

④アスリートの食事

② 食材の選び方

アスリート食の原則5で紹介したように、アスリートにとって最も簡単な方法で充実したアスリート食は、1日3食で6つのグループに分けた食材をまんべんなく摂るという方法だ。

以下に示した6つの食材とその食べ方のコツに注目して、バランスよく食べてみよう。

6グループの各食材と食べ方のコツ

① タンパク質

[肉類、魚類、豆・豆製品（納豆、豆腐等）、卵類、乳・乳製品]

●朝・昼・晩、各1食につき3種類以上食べる。

●3食（1日で）でこの5種類をすべて食べる。

※食べすぎに注意（P122～、タンパク質の項目参照）

② 油脂類

●体重減少を必要としていなければ、調理法を気にしなくてよい。

●体重減少が必要な場合は、調理に使う油は控えるようにする。ただし、毎食揚げ物を摂るのは×。疲れているときは油脂類を摂りすぎないように。

③ 穀類

[ご飯、パン、うどん、そばなど]

●毎食必ず食べる。

※ごはんやパンから摂れる炭水化物は重要なエネルギー源となるので必ず摂ること。

④ 野菜類

[緑黄色野菜、淡色野菜、いもなど]

●色の淡い野菜（きゃべつ、レタス、キュウリなど）。1日5種類以上

●色の濃い野菜（ほうれん草、にんじん、ピーマンなど）。1日3種類以上

※毎食必ず、色の淡い野菜と色の濃い野菜を両方とも食べる。緑黄色野菜は1日3種類以上、火を通した状態で片手いっぱい以上を摂り、その他の野菜は1日に5種類以上を摂る。

●いも（じゃがいも、さつまいも、里いもなど）1日1種類以上、握りこぶし1つくらい、食べすぎないこと。

⑤ 藻類・きのこ類

[海草、きのこ類、こんにゃくなど]

●それぞれ1日1種類以上は必ず食べる。

⑥ 果物

●できるだけ毎食取り入れる。

※エネルギー源となる糖質を含む果物は、1日1回は摂ること。毎食食べるのが理想。

⑥ アスリートのための献立を考える

原則とコツをマスターしたら、実際に献立を作ってみよう。以下に紹介するのは、手を抜きがちな朝食、外食が多い昼食、レトルト食品と揚げ物を主食にした夕食の参考例だ。各食のメニューは1から4へと使用する食品を追加し、より多くの食材と栄養素を摂れるようになっている。わずかな手間で食品数は倍以上に増え、栄養価もアップする。これらを参考に食生活を改善し、よいコンディションを手に入れよう。

1 朝食のアップグレード例

朝食

1 パン+100%果実ジュース→穀類、果実

2 パン+キュウリ+ハム+100%果実ジュース→穀類、果実、野菜、肉類

3 パン+キュウリ+ハム+チーズ+卵焼き+100%果実ジュース→穀類、果実、野菜、肉類、乳製品、卵

4 パン+キュウリ+ハム+チーズ+卵焼き+ツナ+100%果実ジュース→穀類、果実、野菜、肉類、乳製品、卵、魚

栄養価（単位）	❶	❷
エネルギー（kcal）	533	575
タンパク質（g）	10.2	13.7
脂質（g）	11.8	14.6
炭水化物（g）	98.5	99.4
カルシウム（mg）	18	25
鉄（mg）	0.2	0.4
ビタミンA（μg）	16.0	27
ビタミンB_1（mg）	0.14	0.27
ビタミンB_2（mg）	0.04	0.07
ビタミンC（mg）	84	85
食物繊維（g）	0.4	0.6
ビタミンD（IU）	0.0	8.0
栄養価（単位）	**❸**	**❹**
エネルギー（kcal）	701	764
タンパク質（g）	23.6	32.5
脂質（g）	23.6	26.1
炭水化物（g）	99.7	100.4
カルシウム（mg）	167	169
鉄（mg）	1.1	1.1
ビタミンA（μg）	153	153
ビタミンB_1（mg）	0.30	0.32
ビタミンB_2（mg）	0.31	0.32
ビタミンC（mg）	98	98
食物繊維（g）	0.6	0.6
ビタミンD（IU）	56	56

主食十飲み物というパターンに陥りがちな朝食だが、パンにはいろいろな具材をはさみ、おにぎりなら卵焼きやサラダ、具だくさんスープなどを合わせるようにする。

エネルギー消費量の多いアスリートの場合、マヨネーズや卵焼きなどを追加して、エネルギー補給量を多くする。反対に、減量中の人ならチーズを同じ乳類で低エネルギーのヨーグルトに変えたり、卵はゆで卵にするなどして、エネルギー摂取を抑える。

4 アスリートの食事

② 昼食のアップグレード例

昼食

1 親子丼(ご飯、タマネギ、鶏肉、卵、油) →穀類、野菜、肉類、卵、油脂

2 親子丼(ご飯、タマネギ、鶏肉、卵、油) ＋味噌汁(豆腐、ミソ、ねぎ、わかめ)→穀類、野菜、肉類、卵、油脂、豆類、藻類

3 親子丼(ご飯、タマネギ、鶏肉、卵、油) ＋味噌汁(豆腐、ミソ、ねぎ、わかめ)＋小松菜とにんじんのあさり和え→穀類、野菜、肉類、卵、油脂、豆類、藻類、魚介類

4 親子丼(ご飯、タマネギ、鶏肉、卵、油) ＋味噌汁(豆腐、ミソ、ねぎ、わかめ)＋小松菜とにんじんのあさり和え＋ひじきの煮物→穀類、野菜、肉類、卵、油脂、豆類、藻類、魚介類、きのこ

栄養価（単位）	❶	❷
エネルギー（kcal）	618	678
タンパク質（g）	40.7	45.6
脂質（g）	14.9	17.3
炭水化物（g）	73.6	78.5
カルシウム（mg）	85	135
鉄（mg）	3.1	4.1
ビタミンA（μg）	203	242
ビタミンB_1（mg）	0.20	0.27
ビタミンB_2（mg）	0.68	0.74
ビタミンC（mg）	2	5
食物繊維（g）	1.1	2.3
ビタミンD（IU）	156	157

栄養価（単位）	❸	❹
エネルギー（kcal）	715	772
タンパク質（g）	51.3	53.7
脂質（g）	17.9	19.2
炭水化物（g）	80.5	92.2
カルシウム（mg）	185	340
鉄（mg）	14.3	20.1
ビタミンA（μg）	483.9	726.4
ビタミンB_1（mg）	0.29	0.35
ビタミンB_2（mg）	0.78	0.92
ビタミンC（mg）	9	11
食物繊維（g）	2.8	7.9
ビタミンD（IU）	157	157

丼物やパスタは盛り方や器の大きさによって、つい多めに食べてしまうので注意を。また、タレやソースなどで塩分過多になり、水分や糖分を多く摂りがちなので、薄味を心がけよう。

全体的に食材が少ない時は、豆腐や野菜ジュースを買うなどして足りない食品群を補う。それも無理なら朝食や夕食を充実させる。減量中の昼食を外食で摂る時は、丼物の汁の量に気をつける。サラダのドレッシングやマヨネーズは、かけない状態で出してもらうようにし、量を調節する、あるいは使わないようにする。

③ 夕食のアップグレード例（1）

夕食—レトルトを使った場合

1 カレーライス(レトルト、ご飯、タマネギ、しめじ、牛肉、油)→穀類、野菜、きのこ、肉類、油脂

2 カレーライス(レトルト、ご飯、タマネギ、しめじ、牛肉、油)+ゆでた具材(じゃがいも、にんじん)→穀類、野菜、きのこ、肉類、油脂、いも

3 カレーライス(レトルト、ご飯、タマネギ、しめじ、牛肉、油)+ゆでた具材(じゃがいも、にんじん)+サラダ(サラダ菜、きゅうり、トマト、キャベツ、卵、ツナ)→穀類、野菜、きのこ、肉類、油脂、いも、卵、魚介類

4 カレーライス(レトルト、ご飯、タマネギ、しめじ、牛肉、油)+ゆでた具材(じゃがいも、にんじん)+サラダ(サラダ菜、きゅうり、トマト、キャベツ、卵、ツナ)+果実入りヨーグルト(無糖ヨーグルト、キウイフルーツ、イチゴ)→穀類、野菜、きのこ、肉類、油脂、いも、卵、魚介類、乳製品、果実

栄養価（単位）	❶	❷
エネルギー（kcal）	514	597
タンパク質（g）	20.6	22.3
脂質（g）	18.4	18.6
炭水化物（g）	64.1	83.6
カルシウム（mg）	43	62
鉄（mg）	3.4	3.9
ビタミンA（μg）	5	845
ビタミンB_1（mg）	0.18	0.28
ビタミンB_2（mg）	0.26	0.31
ビタミンC（mg）	2	32
食物繊維（g）	2.6	5.1
ビタミンD（IU）	12	12

栄養価（単位）	❸	❹
エネルギー（kcal）	719	749
タンパク質（g）	32.6	37.6
脂質（g）	24.3	27.4
炭水化物（g）	91.0	113.2
カルシウム（mg）	114	275
鉄（mg）	5.2	5.6
ビタミンA（μg）	1368	1413
ビタミンB_1（mg）	0.39	0.45
ビタミンB_2（mg）	0.50	0.67
ビタミンC（mg）	59	157
食物繊維（g）	7.1	10.2
ビタミンD（IU）	48	48

カレーなどのレトルト食品や冷凍食品は油が多く味が濃いので、１人前でも1.5～２人前のエネルギー量や味つけに相当する。そのままではなく、魚介や肉、野菜、きのこなどをプラスして調整しよう。また、カレーだけでは摂れない食品群は、副菜で摂るよう工夫するとよい。

ルーを使って手作りしても、油が多いカレーやシチューなどはのど通りがいいため、よく噛まずに食べてしまう。消化に時間がかかることを覚えておこう。

4 アスリートの食事

4 夕食のアップグレード例（2）

夕食—揚げ物の場合

1 コロッケ(牛肉、じゃがいも、トマト、キャベツ、きゅうり、卵、牛乳)+ご飯→肉類、野菜、いも、卵、乳製品、油脂、穀類

2 コロッケ(牛肉、じゃがいも、トマト、キャベツ、きゅうり、卵、牛乳)+ご飯+納豆→肉類、野菜、いも、卵、乳製品、油脂、穀類、豆

3 コロッケ(牛肉、じゃがいも、トマト、キャベツ、きゅうり、卵、牛乳)+ご飯+納豆+砂肝の煮物(砂肝、ねぎ)→肉類、野菜、いも、卵、乳製品、油脂、穀類、豆

4 コロッケ(牛肉、じゃがいも、トマト、キャベツ、きゅうり、卵、牛乳)+ご飯+納豆+砂肝の煮物(砂肝、ねぎ)+野菜の煮物→肉類、野菜、いも、卵、乳製品、油脂、穀類、豆、魚介類

栄養価（単位）	❶	❷
エネルギー（kcal）	600	700
タンパク質（g）	11.2	19.4
脂質（g）	22.7	26.7
炭水化物（g）	84.7	90.8
カルシウム（mg）	107	152
鉄（mg）	1.0	2.6
ビタミンA（μg）	207	207
ビタミンB_1（mg）	0.17	0.20
ビタミンB_2（mg）	0.2	0.48
ビタミンC（mg）	40	40
食物繊維（g）	3.3	6.6
ビタミンD（IU）	16	16

栄養価（単位）	❸	❹
エネルギー（kcal）	762	796
タンパク質（g）	27.0	31.4
脂質（g）	27.4	28.1
炭水化物（g）	96.8	100.2
カルシウム（mg）	159	243
鉄（mg）	3.7	4.5
ビタミンA（μg）	209	941
ビタミンB_1（mg）	0.23	0.29
ビタミンB_2（mg）	0.59	0.69
ビタミンC（mg）	43	58
食物繊維（g）	6.8	9.9
ビタミンD（IU）	16	138

食材を揚げると材料の15%の油を含んだ状態になるので、夕食に揚げ物を食べる時は吸油率に注意したい。2個で100 gのコロッケなら、15g分のエネルギーを油で摂取することになる。これはご飯半膳分に匹敵する。それなら同じ食品群の材料を使った肉じゃがを選び、ご飯を半膳多く食べたほうがよい。

どうしても揚げ物を避けられない場合は、衣を外して中身だけ食べ、揚げ物で不足した食品群を副菜で摂るようにする。

⑦ 自分の食事を分析する

アスリート食の組み立て方を理解したところで、実際に自分の１日の食事がどれだけアスリート食に近いかどうか、チェックしてみよう。ここに紹介したチェックシートを使えばやり方は簡単だ。まずは、朝食・昼食・(あれば)間食・夕食の各欄に、その日食べたメニューを記入する。次に、そのメニューで取れた食品には、その下にある食品群のリストの□や△にチェックを入れていく。その作業が夕食まで終わったら総括だ。１日の３食(および間食)を通じて何が不足し、何が摂りすぎなのかがわかるはず。よりよい食事を摂るために、そこで出た結果を役立てよう。

アスリート食　セルフチェックシート

朝食

●実際に食べたメニューを書いてみよう
(例:ピザトースト１枚、ツナサラダ、フルーツ入りヨーグルトなど)

●食品群チェックリスト
(□:しっかり食べたいもの、△:摂りすぎに注意したいもの。摂ったものにチェックを入れる)

□肉類	□野菜類(色の濃い野菜)	□種実類	△調味料及び香辛料類
□乳類	□野菜類(色の薄い野菜)	□果実類	△嗜好飲料類
□卵類	□きのこ類	□豆類	△菓子類
□魚介類	□穀類	△油脂類	△調理加工食品類
□藻類	□いも及びデンプン	△砂糖及び甘味料	

4 アスリートの食事

昼食

●実際に食べたメニューを書いてみよう(例:カツ丼1杯、ほうれん草のごま和えなど)

●食品群チェックリスト

(□:しっかり食べたいもの、△:摂りすぎに注意したいもの。摂ったものにチェックを入れる)

□肉類	□野菜類(色の濃い野菜)	□種実類	△調味料及び香辛料類
□乳類	□野菜類(色の薄い野菜)	□果実類	△嗜好飲料類
□卵類	□きのこ類	□豆類	△菓子類
□魚介類	□穀類	△油脂類	△調理加工食品類
□藻類	□いも及びデンプン	△砂糖及び甘味料	

間食

●実際に食べたメニューを書いてみよう(例:おにぎり1個、そうざいパン1個など)

●食品群チェックリスト

(□:しっかり食べたいもの、△:摂りすぎに注意したいもの。摂ったものにチェックを入れる)

□肉類	□野菜類(色の濃い野菜)	□種実類	△調味料及び香辛料類
□乳類	□野菜類(色の薄い野菜)	□果実類	△嗜好飲料類
□卵類	□きのこ類	□豆類	△菓子類
□魚介類	□穀類	△油脂類	△調理加工食品類
□藻類	□いも及びデンプン	△砂糖及び甘味料	

夕食

●実際に食べたメニューを書いてみよう

(例:ご飯1杯、味噌汁1杯、サバの塩焼き、冷奴、大根サラダなど)

●食品群チェックリスト

(□:しっかり食べたいもの、△:摂りすぎに注意したいもの。摂ったものにチェックを入れる)

□肉類	□野菜類(色の濃い野菜)	□種実類	△調味料及び香辛料類
□乳類	□野菜類(色の薄い野菜)	□果実類	△嗜好飲料類
□卵類	□きのこ類	□豆類	△菓子類
□魚介類	□穀類	△油脂類	△調理加工食品類
□藻類	□いも及びデンプン	△砂糖及び甘味料	

1日の食事を振り返って

Check❶ 該当するものを書き込もう

今日、摂れなかった食品群は

(　　　　　　　　　　　　　　　　)です。

Check❷ 該当するものに○をつけよう

今日、摂りすぎたものは(油脂類・砂糖及び甘味料・嗜好飲料類・菓子類)です。

Check❸ 該当するものに○をつけよう

今日、アルコールを(たくさん飲んだ・ほどほどに飲んだ・飲まなかった)。

Check❹ 該当するものに○をつけよう

今日1日の食事に(大満足・満足・普通・イマイチ・不満)です。

★Check1～4の結果から改善点や継続すべき点を整理し、明日からの食生活に反映しよう。

⑧ 食品の吸油率と吸油量

私たちは油そのものではなく、油を使って調理したものを食べることで油を取り入れているため、意外とその摂取量が気づきにくい。また、調理法によっても、食品に含まれる油の割合は異なる。このように、食品に含まれる油の割合を吸油率、食品に含まれる油の量を吸油量と呼ぶ。

食品による違い

吸油率は食品によって異なる。野菜のように、もともと油を含まない食品は、調理で使った油を吸収しやすい。一方、肉類はもともと脂を含んでいるため、油を使って調理しても、油が入り込む隙がない。ただし、鶏のささみのような、もともと油が少ないものは、油が入りやすい。

調理法で変わる吸油率

さらに切り方によっても吸油率は変わる。例えば、じゃがいもは、細くしたり、薄くカットしたりして揚げると、表面積が広くなり奥まで油が入り込むため、丸ごと揚げた時より吸油率が高くなる。つまり、ポテトチップスやポテトフライには油がたっぷり含まれているということ。

揚げ方でも吸油率は異なる。衣に使うパン粉や小麦粉は油が少ないため、油を吸いやすい。つまり、衣をつけて揚げると吸油率は高くなるのだ。また、衣の種類でも吸油率は変わる。海老を例に考えてみよう。海老の刺身や塩焼きは、油を使っていないので吸油率は０％。素揚げは10%だが、卵と小麦粉を使う天ぷらは12%、卵や小麦粉、パン粉を使うフライは13%に。

揚げ物でなくても、堅焼そばやオムレツ、一度素揚げする酢豚など、大量の油で調理すると、吸油率は高くなる。このように調理法を知っていると吸油率の高さも予想できるようになるので、メニュー選びに生かすようにしよう。

吸油量が多い料理は?

吸油量が多い調理法として、ルーを使ったものとあんかけ類がある。カレーやシチューなどのルーは、油で小麦粉を練ったもの。つまり油を食べているのと同じ、というわけだ。その上、ルーものは残しにくく、噛まずに食べがちなので、消化しにくく胃もたれしやすい。

また、八宝菜や麻婆豆腐などのあんかけ類は、野菜などと一緒に炒め、油まで卵や水溶き片栗粉でとじるため、炒め物などに比べて油の摂取量が多くなる。

このほか、調味料に含まれる油も要注意だ。液状であるドレッシングは、サラダにかけても皿の底に残りやすいが、卵１個に対して200ccの油で作られているマヨネーズはしたたり落ちることがないため、出した分だけ食べることになってしまうのだ。

人間の身体に油は必要不可欠だが、摂り

すぎは危険。特に、減量中や、体重制限のある競技のアスリートは、油とのつき合い方を知っておくことが大切となる。吸油率の違いを知っていれば、油を摂るべき時期や油を控える時期に、自分に合った食事の摂り方ができるはずだ。

食品の吸油率と吸油量のポイント

覚えておくと便利!

Point ❶ もともと油を含まない食品は油を吸いやすい

Point ❷ 同じ食品でも、もともと油の少ない食品のほうが油は入りやすい

Point ❸ 揚げる部分の断面積が広くなるほど、吸油率は高くなる

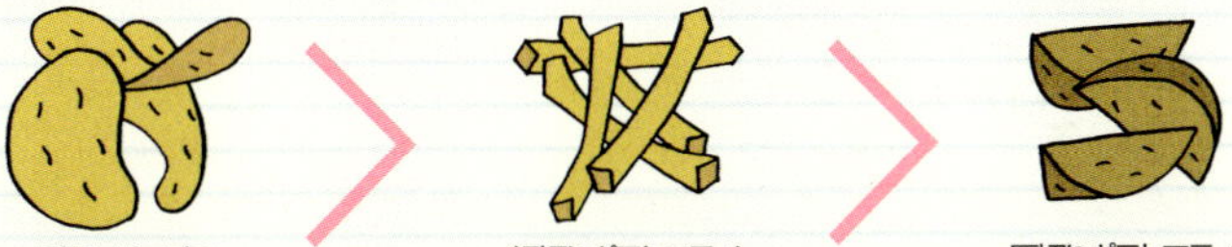

Point ❹ 揚げ方によっても吸油率は変わってくる

Point ❺ ルーを使った料理やあんかけは吸油量が多い

アスリートに必要な糖質の摂取

① 糖質摂取の必要性と方法

糖質を上手に蓄えるには

運動選手にとって、最も大切な栄養素は何か。それは糖質だ。なぜなら、糖質がなければ、エネルギーを供給できないからである。アスリートがパフォーマンスを維持するには、適切な糖質補給が重要なのだ。しかし、大量に体内に貯蔵できる脂肪と違って、糖質はグリコーゲンとして蓄えておくには限界がある。そのため、グリコーゲンを十分に蓄えた状態で運動を開始し、運動後にはグリコーゲンを回復させなければならない。

運動後のグリコーゲン回復のための時間を１日（24時間）程度確保できたとしよう。その際、体内にグリコーゲンの材料であるブドウ糖が確保されているかがカギになる。糖質の必要量は、運動量から求められるので、的確な量を把握するのが大切だ。糖質の量が少ないとグリコーゲンを回復できないが、糖質を摂りすぎると、体脂肪の増加につながる。３回の食事と間食を含めた計画的な糖質の摂取が望ましい。

糖質の摂取の目安は表25の通り。これは、2003年に国際オリンピック委員会が公表した「スポーツ栄養に関する公式見解」の糖質摂取に関する最新のガイドラインに、筆者の意見を入れたものである。

どんな食品からどのくらい糖質を取ればよいか

個々の選手の体格とトレーニングメニュー（強度、時間）によって、目安となる糖質量は異なるが、回復に必要な糖質の摂取量としては、１日に体重１kgあたり７ｇ程度以上と考えるとよい。また、エネルギー摂取量とエネルギー消費量のバランスがとれているという前提があれば、エネルギー比率（%、エネルギー摂取量に占める糖質からのエネルギー摂取量の割合）は55～60％くらいが目安になる（表26）。

例えば体重50kgの選手なら、少なくとも１日350gの糖質摂取が必要となり、その割合は総エネルギー摂取量約2500kcalの55％となる。ご飯で糖質を摂取するなら、３食で茶わん６杯以上は食べなくてはならない。また、体重70kgの選手が1日490gの糖質を摂取する場合、その割合は総エネルギー摂取量約3500kcalの55％となる。これをご飯で摂取するなら、３食で茶わん９杯以上は食べなくてはならない。

実際の食事にはデンプン以外に砂糖などが含まれるため、単純に主食の量だけで糖質の摂取量とはならないが、目安として主食、間食、飲料からの糖質の摂取量を把握しておくとよい。主な食品の糖質・脂質・タンパク質の含有量は、129ページの表を参照しよう。

糖質の必要量を3回の食事で取りきれない場合は、食事のほかに数回の間食で摂取することになる。さらに、糖質源となる食品の多くを中～高グリセミックインデックス（GI、P156参照）のもので調整するとよい。しかし、就寝前などは、低GIの食品が適している。就寝中は消化に時間がかかるため、だらだらとブドウ糖を吸収することで、絶え間なく供給を促すことができる。

ガイドラインでは、糖質摂取量を体重1kgあたりで示している。これは、スポーツ選手は性別や競技種目等により体格差があるため、絶対量(g)で示すことができないから。もうひとつは、総エネルギー摂取量が低ければ、糖質の摂取割合をクリアしても、グリコーゲン回復に十分な糖質を摂取できず、そのため、エネルギー比率で示すことができないからだ。

表25 アスリートの糖質摂取の目安

運動条件		糖質摂取量の目安
運動後、すばやく（4時間以内）回復する場合		1～1.2g/kg体重/時間
回復期間が1日程度の場合	ある程度の継続時間で、低強度のトレーニングを実施した場合	5～7g/kg体重/日
	中～高強度の持久性運動の場合	7～12g/kg体重/日
	1日の運動時間が4～6時間以上で、かなりハードな運動をした場合	10～12g/kg体重/日 または、12g以上/kg体重/日

表26 エネルギー別の栄養素の目標例

栄養素	4500kcal	3500kcal	2500kcal	1600kcal
タンパク質（g） エネルギー比率	150 （13%）	130 （15%）	95 （15%）	80 （20%）
脂質（g） エネルギー比率	150 （30%）	105 （27%）	70 （25%）	45 （25%）
糖質（g） エネルギー比率	640 （57%）	500 （58%）	370 （60%）	220 （55%）

（〈財〉日本体育協会スポーツ医・科学専門委員会監修：樋口満著、アスリートの栄養・食事ガイド、P19、第一出版、2006年）

5 アスリートに必要な糖質の摂取

② グリコーゲンの「長期の回復」と「短期の回復」

長期での回復と短期での回復とは

運動後にはグリコーゲンの回復が欠かせないが、これには長期的に行う方法と、短期的に行う方法の２つがある。

長期的な方法とは、運動後のグリコーゲンの回復に１日程度かけるもの。これは、前日の練習時刻から、翌日の同時刻まで何も運動しないという状態で行われる。

しかし、いつも長期的な回復を行えるわけとは限らない。夜７時まで練習をして、翌日に朝練習をすることもあれば、回復が短期間の場合（試合と試合の間隔が２時間以内など）もあるだろう。そんな時は、先ほど説明した長時間かけてグリコーゲンを回復する方法以外に、短時間で回復を促す方法も取り入れるとよい。

短時間でのグリコーゲンの回復について説明しよう。短時間で回復させるには、運動後、できるだけ早いタイミング（練習直後）で摂取することが重要だ。練習直後とは、本練習が終わり、クーリングダウンが始まる前を指す。練習がすべて終わってからでは遅いのだ。

人間の身体は、壊れたらすぐに直す（治す）という本能がある。運動すると、筋肉のグリコーゲンをブドウ糖に壊して（分解して）使ったり、強度の高い動きで筋肉にダメージを与え壊すことになる。壊してすぐに治し始めるには、材料が必要である。その材料をいかに早く渡すことができるかで、回復の早さが変わってくるのだ

次に、その際摂取する糖質の量、種類、形状について説明しよう。糖質の摂取量は、体重１kgあたり１ｇ程度が目安となる。図11に示すように、筋グリコーゲンの回復に最も効果的な糖質は、１番が消化する必要のないブドウ糖（グルコース）、２番がショ糖（砂糖）、３番が果物に含まれる果糖だ。形状は、消化の早い液体が最もよい。それから、胃に消化中の食べ物がある場合は、摂取した糖質の吸収が遅くなることを覚えておこう。

短期での回復はスペシャルドリンクで

筋グリコーゲンの回復を手助けしてくれる物質に、クエン酸がある。クエン酸は、レモンやみかんなどの柑橘系の果物に含まれている。ラットを用いた実験から、運動後にグルコースだけ摂取するよりも、グルコースとともにクエン酸を摂取するほうが、筋肉および肝臓のグリコーゲンの回復が早いといわれている。これは、クエン酸が解糖系の律速酵素の働きを阻害し、グリコーゲン合成のためにグルコースが利用されるためと考えられる。さらに、短時間のグリコーゲン回復では、運動後すぐに糖質とともにタンパク質を摂取するのが有効である（第４章タンパク質参照）。

今度は体重60kgの選手を例に挙げて短

時間での回復を説明しよう。理想としては、水分補給のためのスポーツ飲料にブドウ糖60ｇ、クエン酸、アミノ酸を入れてスペシャル飲料を作る。これを練習直後に少なくともコップ１杯飲み、その後30分ほどで飲み終える。

しかし、ブドウ糖はスーパーマーケットなどでは市販されていない。現実的な方法は、水分補給のためのスポーツ飲料にショ糖（砂糖）60ｇ、レモン汁を入れスペシャル飲料を作ること（P147参照）。これを練習直後に少なくともコップ１杯飲むと同時に、アミノ酸のサプリメントも摂取する。スペシャルドリンクは30分ほどで飲み終える。

糖質の摂取についてまとめると、１日程度の長時間での回復には、グリコーゲンの回復に必要な糖質量をいかにしっかり摂取できるかという、「量」がポイントとなる。一方、短時間での回復では、運動後いかに速やかに摂取するかという、「タイミング」がポイントとなる。

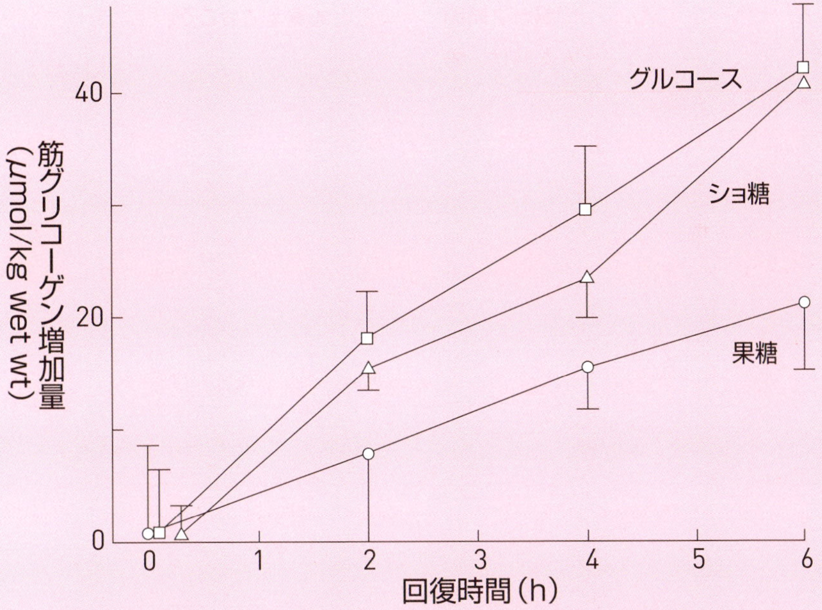

（Blom PC, Hostmark AT, Vaage O, Kardel KR, Maehlum S.:Effrct of different post-exercise sugae diets on the rate of muscle glycogen synthesis. Med Sci Sports Exerc.19(5), pp491-496,1987.）

図11 運動直後の体重1kgあたり0.7gのグルコース、果糖、ショ糖の摂取による筋グリコーゲンの増加

６ アスリートに必要な脂質の摂取

脂肪は身体に必要不可欠な存在

すでに第１章で説明した通り、脂肪は身体にとってなくてはならない存在だ。エネルギーの貯蔵だけでなく、機能的役割も果たしているため、私たちが食べ物から脂質を摂取する意味は大きいのだ。

そこでまずエネルギー面から脂質の摂取量を考えてみよう。エネルギー消費量が多いアスリートは必要量も多く、脂肪１ｇで９kcalと効率よくエネルギーを摂取できる。

アスリートでない大多数の日本人を対象として策定された「日本人の食事摂取基準2005年版」では、脂質摂取の目標量は、総エネルギー摂取量の20％以上30％未満とされている。アスリートも、この基準に準じることになるが、エネルギーの摂取量が高くなればなるほど、脂質からの摂取量を多くすることになる。というのも、１日に食べられる食事量には限界があるので、軽くてエネルギーの高い脂質を利用しないと、必要なエネルギー量をまかなうことができないからだ。例えば、4500kcalのエネルギーが必要なアスリートが摂取すべき脂質は150ｇとなり、脂質エネルギー比率は、30％程度となる。

日常的な低脂肪食は不調の原因に

アスリートが脂質の摂取量を極端に増やせば脂質異常症になる。しかし、不足しすぎると、健康障害が起こる。選手の極端な低脂肪食（総エネルギー摂取量の15％以

アブラを嫌うことの矛盾に気づこう

油（脂）摂取を毛嫌いするアスリートがいる。小学生くらいまでは、なんの抵抗もなく食べていた天ぷらやフライ。しかし、スポーツを始めてから周囲の人たちや先輩アスリートの持っている情報のなかに、「運動選手には油（脂）は必要ない」「ウエイトコントロールのためには、油（脂）を摂らないほうがよい」などが伝えられ、油（脂）が多い料理を避けるようになる。

果たして本当に油（脂）は避けなくてはいけないのだろうか？　答えは×だということを、この項を読んで理解してもらえたと思う。

ここで１つ考えてほしい。一般の人が天ぷらやフライを食べても、食べる頻度や量が多くならない限り、食べても悪くはない。運動量が多く、エネルギー消費量が多いアスリートが、日常的に天ぷらやフライなどの揚げ物を意識的に食べないようにする理由があるのだろうか？　もしも、油（脂）は避けたほうがよいと考えるアスリートがいたら、この矛盾に気づいてほしい。効率よくエネルギーの補給をするには、特にエネルギー摂取量が多い場合には、油（脂）を適量使うことは必要となる。

油（脂）に対する間違った認識を早く矯正し、適量の油（脂）を摂取することを考えよう。

下）などは代表的な例だ。筆者の経験から説明しよう。食事の油脂を抜き、脂質の摂取量が極端に少ない女性アスリートがいた。彼女は揚げ物の衣ははがし、肉料理では何度も肉をゆで、必ず脂抜きをしてから調理し、調理のときにも油を使わない。さらに調味料はノンオイル、牛乳は無脂肪乳など、とにかく徹底していた。

そうした食生活を続けた彼女は、マッサージを受けると内出血を起こし、肌もかさかさしていた。筋膜炎や肉離れといった症状を常に訴え、故障が絶えない。

このように、脂質の摂取量が低すぎると、さまざまな症状を引き起こす。こうした脂肪への間違った認識は、競技力を低下させたり、健康を害したりするということを忘れないでほしい。

試合前に低脂肪食にするのは、競技力の向上のためにはよいが、日常的に低脂肪食にするのは問題だ。少なくとも食事摂取基準の低限である総エネルギー摂取量の20％は、脂肪から摂取しよう。

脂肪は身体にはなくてはならない存在。間違った認識から極端な摂取制限をすると、体調不良や故障の原因となるので気をつけたい

7 アスリートに必要なタンパク質の摂取

① 運動中のタンパク質の代謝

アミノ酸がエネルギー源になるとき

骨格筋は、エネルギーを得るために、ある程度のアミノ酸を酸化する（分解して利用する）。人間の骨格筋は少なくとも８つのアミノ酸（アラニン、アスパラギン、アスパラギン酸、グルタミン、イソロイシン、ロイシン、リジン、バリン）を分解できる。

持久性運動においては、分岐鎖アミノ酸（ＢＣＡＡ；イソロイシン、ロイシン、バリン）だけではなく、リジンも優先的に分解される。運動の強度が高くなったり、継続時間が長くなったりすると、ロイシンをはじめとしたアミノ酸の分解が起こって、エネルギー源として使われることが実験結果からわかっている。また、ロイシンの分解はグリコーゲンの減少とともに増加する。

つまり、運動の継続時間が長くなるとアミノ酸もエネルギー源に使われ、強度が高くなればその量が多くなる。また、グリコーゲンの貯蔵量が多いほうが、アミノ酸の利用は少量ですむ。タンパク質の合成に必要なだけでなく、エネルギー源として利用することを見越してタンパク質を摂取することが大切だ。

特に、それほど筋肉を肥大させなくてもよい持久系種目の選手は、エネルギー源としてのタンパク質の摂取を意識しておこう。タンパク質がエネルギーとして利用されるのは、グリコーゲンの貯蔵量が少ない時なので、体タンパク質の利用を少なくするには、グリコーゲンの貯蔵量を多くしておく必要がある。

レジスタンストレーニングとタンパク質の分解・合成

レジスタンストレーニングをしている人は、運動習慣のない人に比べてタンパク質の分解と合成が増加する。さらに、トレーニングを始めたばかりの人のほうが、一定期間続けている人に比べてタンパク分解が進む。また、レジスタンストレーニングは、終了から48時間までのタンパク質の代謝に影響する。そのため、トレーニング直後だけではなく、長期間にわたるタンパク質の補給を考えなければならない。

レジスタンストレーニングでは、運動後にグルコースを摂取すると、インスリンの効果で運動後のタンパク質の分解が減少することが、最近の研究で報告されている。したがって運動直後のグルコースの摂取は、筋タンパク質の分解抑制の面でも有効である。

筋タンパク質を合成するためには、運動後、すみやかにタンパク質を摂取するよりも、食事中のタンパク質から長時間にわたってアミノ酸の供給ができるように食事計画を立てるほうがよい。というのも、食事（食品）からのタンパク質の消化・吸収には時間がかかるためだ。

筋肥大にはトレーニングが重要であって、タンパク質を摂りすぎても筋肉はつかない。適度なタンパク質の摂取が最も重要だ

“体重1kgあたりタンパク質3g以上”はホントに必要か？

10年以上前のことになるが、「アスリートには体重１kgあたり３ｇ以上のタンパク質摂取が必要である」といわれるようになった。その頃から、一般の人々にも「スポーツや運動をする人にとって、最も大切な栄養素はタンパク質だ！」と認識されるようになった。

こうした影響で、一般の人はタンパク質の摂取といえば、すなわち肉の摂取だと思いこみ、「とにかく、普通よりも肉を３倍食べさせればいい」という発想になっていった。本項でも紹介しているが、現在、タンパク質摂取量は、運動強度や時間、トレーニングの質や状況、年齢、運動歴などを考慮され設定されている。体重１kgあたり２ｇ以上必要ないことがわかるだろう。言い方を変えれば、体重１kgあたり２ｇ以下の摂取でも、ほとんど問題が起こらないといえる。

「スポーツ選手は、タンパク質をたくさん食べなくてはいけない」という認識は変えるべきなのだ。

7 アスリートに必要なタンパク質の摂取

② タンパク質の摂取基準

食事によるタンパク質の摂取基準

日本人のタンパク質食事摂取基準は現在、年代・男女別に推定平均必要量と推奨量、目標量で示されている（表27）。

米国におけるタンパク質の推奨栄養所要量（RDA）は、成人の男女で体重1kgあたり0.8gである（表28）。しかし、エネルギーの摂取量が十分でない場合や、タンパク質の摂取量が少ない場合は、必要量が高くなる。

運動時のタンパク質摂取基準は？

運動時のタンパク質摂取基準は、表28のように一般の食事摂取基準とは異なる。

持久性運動におけるタンパク質摂取は、運動の持続時間や強度、性、年齢、トレーニング状況、エネルギーと糖質の習慣的摂取量が影響する。また、運動中にエネルギーとして利用されたアミノ酸の量も、タンパク質の摂取量に影響する。

また、レジスタンストレーニングにより、タンパク質の必要量は増加する。タンパク質は、同化作用ホルモン産生の増加や、タンパク質消耗の減少、筋肉合成ためのアミノ酸供給をするためにも、レジスタンストレーニング前後に摂取するのが重要だ。そのため、毎食、均等にタンパク質を摂取すれば、血液中の最適アミノ酸濃度を維持する手助けをする。

減量中のようなエネルギーや炭水化物の摂取量の制限がなければ、総エネルギー摂取量の15％以上をタンパク質から摂取する必要はない。

表27 タンパク質の食事摂取基準

性別	男性			女性		
年齢（歳）	推定平均必要量（g/日）	推奨量（g/日）	目標量（%エネルギー）＊	推定平均必要量（g/日）	推奨量（g/日）	目標量（%エネルギー）＊
1～2	15	20	－	15	20	－
3～5	20	25	－	20	25	－
6～7	30	35	－	25	30	－
8～9	30	40	－	30	40	－
10～11	40	50	－	40	50	－
12～14	50	60	－	45	55	－
15～17	50	65	－	40	50	－
18～29	50	60	20未満	40	50	20未満
30～49	50	60	20未満	40	50	20未満
50～69	50	60	20未満	40	50	20未満
70以上	50	60	25未満	40	50	25未満

＊目標量（上限）は、タンパク質エネルギー比率（％）として策定した

表28 体重1kgあたりのタンパク質摂取必要量

	体重1kg当たりのたんぱく質必要量(g)
活発に活動をしていない人	0.8
スポーツ愛好者（週に4～5回30分のトレーニング）	0.8～1.1
筋力トレーニング（維持期）	1.2～1.4
筋力トレーニング（増強期）	1.6～1.7
持久系トレーニング	1.2～1.4
レジスタンストレーニング	1.2～1.7
トレーニングを始めて間もない時期	1.5～1.7
状態維持のためのトレーニング	1.0～1.2
断続的な高強度トレーニング	1.4～1.7
ウエイトコントロール期間	1.4～1.8

※10代は10％多く摂取が見込まれる
（Sports Nutrition, Ronald J. Maughun, Louise M. Burke, p30, 2002 と
Nutrition for Health, Fitness, & Sport, Seventh edition, Melvin H. Williams, p221, 2005より著者作成）

③ 食事および食品からのタンパク質摂取

効率のよいタンパク質摂取を目指すために

食品は、栄養素や栄養成分の集合体であり、食品に含まれるタンパク質量を知ると、おおよその摂取量が把握できる。動物性の食品のタンパク質は15～20％だが、脂質もエネルギー量も多い（P128表29参照）。動物性食品だけに頼らず、植物性食品からもタンパク質を摂取すると、エネルギーや脂質の過剰摂取を防げる。

また、料理からのタンパク質摂取量も理解しよう（P129表30参照）。例えば、陸上長距離の男性選手（体重60kg）なら、タンパク質の必要量は1日約80g。3食で均等に摂取すると、1食で25g程度。多くの料理では1品で25gのタンパク質は摂取できないので、選手は一般的な食事に、タンパク質の摂取量を増加させる食品やおかずをプラスする必要がある。

アミノ酸スコア100の食品を組み合わせて食べる

また、穀類のアミノ酸スコアは低いが、アミノ酸スコア100の食品を組み合わせて食べれば制限アミノ酸が補充され、タンパク質を有効利用できる（P22～23アミノ酸スコア参照）。つまり、穀類は、タンパク質を多く含むほかの食品と一緒に食べれば、タンパク質を体内で有効に利用することができるわけだ。選手たちの穀類摂取量は多いので、タンパク質は摂取しやすいだろう。

④ タンパク質のサプリメントの利用について

タンパク質のサプリメントは3種類

タンパク質のサプリメントには、プロテイン、ペプチド、アミノ酸がある。これらの違い(消化しやすいかどうか)は、アミノ酸単独での摂取か、アミノ酸とアミノ酸が結合した状態での摂取か、または、結合したアミノ酸の数が多いか少ないかである。結果的に、どれでもアミノ酸を摂取できるので、目的によってプロテイン、ペプチド、アミノ酸のどの形状で摂取するかを選ぶ。アミノ酸、ペプチド、プロテインの順に吸収が早いので、早く吸収させたい時はアミノ酸を選ぶとよい。アミノ酸のサプリメントは、コンセプトによっていくつかの種類に絞って配合していることもある。プロテインとペプチドは多くの場合、20種類のアミノ酸すべてが配合されている。

利用の原則は?

タンパク質のサプリメントを利用する際の原則は、「食事から得られるタンパク質量の必要量が満たされない時に、不足分を補える量を摂取する」ということ。こうすれば過剰摂取を防止できる。例えば、食事で得られる良質のタンパク質（アミノ酸スコア100の食品）が少ない時にプロテインを利用したり、海外遠征時や胃腸の調子が悪くて肉などが食べられなかったりする時に、ペプチドやアミノ酸のサプリメントを利用するのは有効だ。サプリメントを安全に有効利用するには、まず食事や食品から摂取できるタンパク質量の知識を持とう。

プロテイン剤を牛乳などに溶かして摂取する際は、牛乳に含まれるタンパク質だけでなく、脂質の摂取量にも考慮しよう。例えば、300mlの牛乳でプロテイン剤を摂取すると、牛乳から得られるエネルギー量は約200kcal、タンパク質は約10ｇ。牛乳のタンパク質で十分であり、エネルギーは過剰摂取が考えられる。サプリメントは薬ではないので、摂取量は目安と受け止めよう。タンパク質やエネルギーを過剰に摂取しないように量をコントロールすべきである。

運動中は、分岐鎖アミノ酸（BCAA）であるロイシンの酸化が高まる。そのため、分岐鎖アミノ酸サプリメントの有効性の研究が行われているが、結果はさまざまだ。

アミノ酸のサプリメントは摂取前の食事に影響される

食物中の必須アミノ酸のなかで、分岐鎖アミノ酸が占める割合は50％と高い。そのため、食事からのタンパク質の摂取量が十分なら、アミノ酸のサプリメントとして分岐鎖アミノ酸を摂取する必要は低いだろう。さらにアミノ酸は吸収が早いが、胃の中に消化中の食べ物があると、胃から十二指腸へ送られるまでに時間がかかる。つまり、アミノ酸のサプリメントは、摂取前の食事の影響を受けるのだ。

タンパク質のサプリメントは、選手が考えているよりも有効性が低いかもしれない。もしも、身体の状態がよくなったと感じたら、食事からのタンパク質摂取量はどうか、消化管の状態が良好であるか等を検討してみよう。いずれにしても、サプリメントは管理栄養士のアドバイスを受けて利用することが望ましいだろう。

⑤ タンパク質の過剰摂取

タンパク質を過剰に摂取して筋力トレーニングを行っても、タンパク質の合成は上昇しない。むしろ、タンパク質の酸化が増加することがわかっている。さらに、過剰摂取したタンパク質は脂肪として蓄積されるため、体脂肪が増加する。そして、アミノ酸として利用しないアミノ酸を分解すると、窒素が生じる。その窒素を肝臓の尿素回路で処理し、腎臓から排泄するので、肝臓や腎臓に負担がかかる。

また、動物性タンパク質を大量に摂取すると、アミノ酸の分解で尿中のリン酸塩、硫酸塩が増加し、尿が酸性化する。すると、カルシウム再吸収が抑制され、尿中カルシウムが増加し、尿路結石や骨粗しょう症などのリスクも高まる。タンパク質の摂取量は、低すぎると体タンパク質の合成に影響を与えるが、過剰だと身体に悪影響を及ぼす。

そのため、タンパク質の摂取量は、トレーニングの強度、量、時間、頻度を考えた上で、慎重に決定していく必要がある。

タンパク質のサプリメントは、プロテイン、ペプチド、アミノ酸の3種類。目的に応じて選ぼう。ただし、あくまで食品や食事からの摂取が最優先。「不足分を補う」という意識を忘れずに

7 アスリートに必要なタンパク質の摂取

表29 可食部100gあたりのエネルギー、タンパク質、脂質、炭水化物の含有量

食品名	エネルギー(kcal)	タンパク質(g)	脂質(g)	炭水化物(g)	目安量
豆腐(木綿)	72	6.6	4.2	1.6	半丁150g程度
豆腐(絹ごし)	56	4.9	3.0	2.0	半丁200g程度
納豆	200	16.5	10.0	12.1	1パック:80g
あじ	121	20.7	3.5	0.1	中一尾:130g
いわし	217	19.2	13.9	0.7	一尾:80g
さけ	138	22.5	4.5	0.1	1切れ:80g
さば	202	20.7	12.1	0.3	半身:150g
たら	77	17.6	0.2	0.1	1切れ:100g
まぐろ	106	24.3	0.4	Tr	刺身1切れ:10g
あさり	30	6.0	0.3	0.4	10個:90g
たらこ	140	24.0	4.7	0.4	一本:30g
いくら	272	32.6	15.6	0.2	大さじ:17g
じゃこ	113	23.1	1.6	0.2	大さじ一杯:6g
鶏卵	151	12.3	10.3	0.3	中一個:70g
牛乳	67	3.3	3.8	4.8	コップ一杯:200cc
プロセスチーズ	339	22.7	26.0	1.3	一枚:20g
ヨーグルト(プレーン)	62	3.6	3.0	4.9	
牛肉	185～454	18.4～21.3	9.8～37.1	0.2～0.6	
鶏肉	115～263	18.0～22.9	1.1～19.1	0	
豚肉	114～253	17.3～24.6	1.9～19.2	0.1～0.2	
食パン	264	9.3	4.4	46.7	一斤6枚切り一枚:60g
クロワッサン	448	7.9	26.8	43.9	1個:50g
うどん(生)	270	6.1	0.6	56.8	1玉:200g
中華めん(生)	281	8.6	1.2	44.7	1玉:120g
めし(精白米)	168	2.5	0.3	37.1	お茶わん一杯:140g
じゃがいも	76	1.6	0.1	17.6	中1個:150～200g
バナナ	86	1.1	0.2	22.5	1本:100g程度
オレンジ	46	0.9	0.1	11.8	中1個:150～200g
ピーナッツ	592	25.5	51.3	18.2	1つかみ:10g
アーモンド	598	18.6	54.2	19.7	中皿1盛り:30g

表30 食事に含まれるエネルギー、タンパク質、脂質、炭水化物

食品名	エネルギー（kcal）	タンパク質（g）	脂質（g）	炭水化物（g）
かけそば	312	10.5	1.7	58.5
カレーうどん	444	17.6	6.5	71.5
ラーメン	459	20.3	5.3	77.1
冷やし中華	498	20.1	8.4	80.7
カツ丼	950	28.4	36.5	117.3
親子丼	682	28.2	14.4	102.7
天丼	745	19.8	19.1	113.3
中華丼	777	16.0	30.2	105.2
鉄火丼	605	42.6	3.6	93.9
チャーハン	574	13.0	14.8	86.3
カレーライス	764	20.8	30.1	99.9
スパゲッティミートソース	620	22.9	22.9	76.4
しょうが焼定食	707	25.2	34.1	67.6
コロッケ定食	899	21.1	39.8	109.0
肉野菜炒め定食	621	17.0	29.4	66.8
煮魚定食	464	29.7	6.1	68.7
肉まん	203	7.3	4.1	33.6
ハンバーガー	276	12.0	12.1	29.8
ピザトースト	390	16.7	15.0	45.8

（改訂・外食ミニガイド、女子栄養大出版、2002年）

8 アスリートに必要なビタミンの摂取

第１章（P24〜）を読んでもわかる通り、ビタミンは、主に体内での化学反応の際に力を貸すのが仕事であり、身体の構成成分にはならない。エネルギー源にもならないが、身体にとってなくてはならない存在だ。

特に、アスリートにとってのビタミンの重要度は、一般人よりも高いということを覚えておこう。その理由はまず、アスリートと一般人とでは、エネルギーの使い方が違うということにある。エネルギーがたくさん必要になると、そのエネルギーを作る過程で欠かせないビタミンが大量に必要になる。

また、運動によって壊れた組織を再生したり、増強したりする際も、ビタミンが必要となる。さらに、運動によって発生する物質を除去する際にも、ビタミンがかかわっている。

本項では運動とビタミンの関係について述べる。ビタミンが多く含まれる食品などについては第１章で確認しよう。

身体の構成成分にも、エネルギー源にもならないビタミンだが、人間の身体にはなくてはならない存在。一般人より活動量の多いアスリートには、より重要となる

① エネルギー代謝に必要なビタミン

ビタミンはエネルギー代謝に不可欠

Ｐ63の図７で、エネルギー代謝に関係するビタミンと、そのビタミンがどこで活躍するかを確認してみよう。ここで活躍するビタミンはビタミンB群で、いろいろな場所で活躍している。これらが少なくなると、正常にエネルギーをつくりだすことができない。まずはビタミンB_1、ビタミンB_2、ナイアシン、パントテン酸と運動との関係を説明しよう。

各ビタミンはどう使われるか

ビタミンB_1は、糖質をエネルギーにするときに不可欠だ。運動量が増えれば、糖質の必要量が増すので、同じくビタミンB_1の必要量も増える。食事摂取基準2005では、エネルギー1000kcalあたり0.54mgを推奨量としている。１日3000 kcal程度のエネルギーを消費するアスリートは、1.62 mg程度の摂取が必要だ。

ビタミンB_2とナイアシンは、水素を運ぶ、いわば“船”の材料となるため（P64参照）、運動量が増加すれば、これらのビタミンの必要量も増加する。ビタミンB_2が欠乏すると唇や舌に症状が出る。推奨量がエネルギー1000kcalあたり0.60mgであるが、それより多めに想定すればトラブルが少ない。ナイアシンは、通常の食事をしていれば、心配はいらない。

パントテン酸は、脂質をエネルギー源に利用する過程で使用される。そのため、脂質の利用が増加すると必要量も高くなるが、通常の食事をしていれば心配ない。

■ビタミンB群過不足の簡単チェック法

エネルギー代謝の過程でできる乳酸は、ピルビン酸に戻る。そして、グルコースやグリコーゲンに作り替えられるか、または有酸素的代謝過程を経る。そのため、アスリートは激しいトレーニングのあと、早く乳酸がはけるように、ダウンジョグを必ず行うのだ。

本練習の間はもちろんだが、終了直後、かなり疲れているアスリートは、ダウンジョグの前にビタミンB群を含んだスポーツドリンクを飲むとよい。疲労を回復させることも含めて持久力アップと考えるなら、ダウンジョグとビタミンB群は相乗効果があるからだ。

アスリートの場合、ビタミンB群の補給が不足すると、練習中にバテたり、筋肉痛が起きたり、疲労しやすくなったりする。しかし、多く摂ればよいわけではなく、練習のない日にサプリメントで摂取すれば無駄になる。ここで、ビタミンB群が足りているかを簡単にチェックする方法を紹介しよう。アリナミンを１粒またはドリンクを半分飲んでみて、尿に匂いや色があれば、ビタミンB群は足りている。そうでない場合は不足していることになる。適度な摂取を心がけよう。

8 アスリートに必要なビタミンの摂取

② コンディショニングに必要なビタミン

より質の高い身体づくりに関与するビタミンは?

毎日、練習の効果を身体で表現するために、また質のよい練習をするために必要なビタミンがある。この2つのポイントについて説明しよう。

練習の効果で、より質の高い身体になれば理想的だ。その際に欠かせないのが、タンパク質やアミノ酸の代謝に関与するビタミンである。ビタミンB_6は、タンパク質の代謝が高まった時（筋肉合成が高い時など）や、タンパク質の摂取量が多い時に、必要量が多くなる。

ビタミンB_{12}や葉酸は、タンパク質の代謝だけでなく、造血に関与している。菜食主義者や野菜嫌い、偏食でなければ、摂取量の心配は不要だ。

心身のストレスにも効果

質のよい練習をするためには、ストレスに対抗する必要がある。アスリートは、身体面と精神面の、両方のストレスに見舞われる機会が多い。その際、効果を発揮するのが、ビタミンCだ。

抗酸化作用を持つビタミンCとビタミンEについて説明しよう。

私たちの身体は、呼吸によって常に酸素を取り入れている。その酸素の一部が、体内に侵入してきた細菌などを死滅させる作用がある活性酸素となる。運動をすると酸素の消費量が増えるため、この活性酸素が増える。増えすぎた活性酸素は、正常な細胞やDNAを傷つけ、破壊する。ビタミンCとビタミンEには、その活性酸素をすみやかに除去して、悪さを抑える働きがある。そのため、運動量が多くなれば、これらのビタミンの必要量も多くなるというわけである。

しかし、ビタミンCは、多く摂取すればするほど血液中の濃度が高くなる、というわけではなく、1日250mg程度で頭打ちになるといわれている。

知っておきたい「ビタミンの調理損失」

水に溶ける、あるいは、油に溶けるという特性があるビタミンは、調理法や保存法によって失われる。ここでは、水溶性ビタミンの１つであり、野菜に豊富に含まれるビタミンCの調理損失について説明しよう。

ビタミンCは、水に溶けやすく、熱にも弱く、空気中の酸素によって酸化されやすいという特性がある。この特性に反すると、調理損失が少なくなる、ということになる。

野菜を例に、調理損失を最小限に留めるにはどうすればいいか考えてみよう。水に溶けやすい点に対しては、切り口をできる限り小さくすること。切ってから洗ったりや水にさらしたりすると損失は多くなる。最も効率的なのは、切り口を何もつけずに丸ごと調理することだ。また、調理器具に水が多くついているとその分、調理損失は増える。例えば、まな板や包丁が水で濡れている状態で調理すると、ビタミンCの損失は増大する。一方、油を使った調理法のほうが損失は少なくなる。

熱に弱いという点では、ぐつぐつと煮てしまうよりもさっとゆでるほうが、また、たっぷりの湯で少量ゆでたほうが、損失が少なくてすむ。

酸化しやすいという点に対しては、空気に接する部分を少なくすることと、空気に接する時間を短くすることが重要だ。野菜を収穫したらできるだけ早く食べること、調理したらすぐ食べることも大切である。

このように、ちょっとした気遣いでビタミンCの調理損失は低減できるのだ。

9 サプリメントの摂取

サプリメントは、栄養補助食品ともいう。もともとは食事では足りない栄養素を補うために使われてきた。しかし、最近では競技力の向上や、より健康になるために使われるようになっている。

簡単に補うことができるからこそ、正しい知識を身につけておかないと、かえってマイナスに作用してしまう恐れもある。サプリメントを使用するなら、適切な摂取方法を身につけてほしい。

① サプリメントの考え方

「いいものをいっぱい」は大きな間違い

栄養素の摂取というと、「いいものをいっぱい摂ればいい」と考えている人が多いようだが、これは大きな間違いだ。日本人の食事摂取基準（2005年版）には、上限量（ある性・年齢階級に属するほとんどすべての人々が、過剰摂取による健康障害を起こすことのない栄養素摂取量の最大限の量）が示されている。

人間は昔から、栄養素と栄養成分の集合体である食品から、必要な栄養素を吸収して生命維持と生活（活動）を行ってきた。栄養学という情報がない時代でも、人間は食べ物を食べてしっかり生活していた。何か欠けた栄養素があっても、身体は「○○○が食べたい」と不足している栄養素を含む食品を教えてくれるし、極端に1つの食品をたくさん食べれば下痢をしたり、過剰な栄養素の吸収率を下げたりする。反対に、足りない栄養素の吸収率を上げる。

利用する場合は理由と期待する効果を明確に

サプリメントが出回るようになった現代でも、身体は体内で栄養素を調整する能力を維持している。食品には、サプリメントのように１つの栄養素や栄養成分だけを大量に含むものはない。このため、サプリメントを摂取することは、身体にとってはありえない量の栄養素を一度に受け入れなくてはない状況を招くということでもあるのだ。

「必要のない栄養素をサプリメントとして飲めば、何か起こるかもしれない」という意識は、常にもっておこう。

なぜ飲むのか、期待される効果は何であるのか。それが明確でないなら、サプリメントの利用は控えるべきだ。また、「競技力向上」や「健康の維持増進」のためにサプリメントを飲む時は、科学的に効果が認められるのかどうかを確認した上で飲むことを勧める。

② サプリメントを要する状態と利用の条件

アスリートなら誰でもサプリメントが必要、というわけではない。ここでは、「サプリメントの必要性が高いアスリートの例」を挙げてみた。

①〜⑦のどれかに当てはまる場合は、正しい知識を身につけた上で、サプリメントの利用を検討してみよう。

実際にサプリメントを利用する際には、最低限、下表の５つの条件はクリアしておいてほしい。これらがすべてクリアできていたら、サプリメントを正しく利用できる状況にあるといえるからだ。さらに、サプリメントに関する新しい情報を得た場合にも、その必要性と期待される効果を見て、自身が活用すべきかどうかを、正確に判断できるようになっているはずだ。

本書の内容を理解し、自身の食事に活用できていれば、サプリメントの利用ができるといってよいだろう。

サプリメントの利用を考えたほうがいいケース

① 活動量が高く、食事からだけでは十分に栄養を補給できない状況にある
② 偏食である
③ 合宿などで食事内容がよくない
④ 減量のための食事制限をしている
⑤ 内臓が弱っている
⑥ 食欲がない
⑦ 菜食主義者

サプリメントを使う際の５条件

条件 ❶ 食事のなかに含まれる栄養素の量を推定できるくらい栄養学の勉強をする
条件 ❷ 消化と吸収に対する知識を持つ
条件 ❸ 体内での栄養素の利用について勉強する
条件 ❹ 身体の状態に敏感になる（そのために日誌をつける）
条件 ❺ 食事やサプリメントについて相談できる管理栄養士のアドバイザーを持つ

③ サプリメントの分類、選び方と飲み方

サプリメントは、ブドウ糖などを用いたエネルギー、プロテインなどのタンパク質、代謝に関与するビタミンB群、抗酸化ビタミン、鉄やカルシウムなどのミネラル、その他に特定の生理的作用を期待した物質などに分類できる。

上限を守って下限は自分で決める

では、それらのサプリメントをどのように飲めばいいのか。サプリメントは薬ではないので、例えば「1回4錠、1日1～3回、服用してください」と、飲む人が飲む量を選択できるような書き方がされる。ここで覚えておいてほしいのは、上限は守る必要があるが、下限は飲む人が自由に決められるということである。

具体例で説明しよう。昼食で野菜を十分に食べることができなかった際、ビタミンCのサプリメントを用量として書かれている1回量の半分飲む、などである。

小分けできるもの、量を調整できるものが便利

長期間、大量に貯蓄しておける栄養素は脂質だけ。サプリメントは1日分を1回で飲むよりも、毎食3回に分けて摂取するほうが栄養素の補充には適している。そのため、サプリメントを買う時は、1袋に1日分が入ったものより、何回かに分けて飲めるものがお勧めだ。

また、食事の内容によって摂取量を加減するためには、1回分が1カプセルまたは1錠のものよりも、摂取量がコントロールできる錠剤あるいは顆粒状のもののほうがよい。

食事を考慮すると、サプリメントでの摂取が必要な栄養素と、必要でない栄養素が出てくる。これに対応するためには、総合栄養剤のような多くの栄養素が1つに収められているものではなく、1つ1つの栄養素のサプリメントを利用することになる。

サプリメントは、あくまで食事で不足した栄養素を補うもの。食事の内容と量に応じて、摂取する量をコントロールしよう

④ サプリメントを飲む時の注意点と評価の仕方

ありとあらゆるサプリメントが、簡単に手に入るこの時代。しかし、私たちが得られる情報が、すべて正しいとは限らない。だからこそ、情報に惑わされず、疑う目を持って冷静に判断することが必要となってくる。

サプリメントを飲む場合は、

❶知識不足からの過剰摂取を防ぐ
❷体内での栄養バランスを壊さない
❸不必要なビタミンを過剰に摂取しない

という3つの点を、常に意識することを心がけたい。

また、サプリメントを飲んでも期待される効果が感じられない時や、身体に変化を感じない時は、そのまま飲み続けるべきかどうかを検討しよう。自身で判断できない場合は、専門家に助言を求めることが望ましい。

■サプリメントを使う場合の注意点

① 知識不足からくる過剰摂取を防ぐ

サプリメントは、医師の処方がなくても購入できるので、摂取によって事故が起こっても自己責任となる（製造元の過失の場合は除く）。例えば、同時に飲んでいる違う名前のサプリメントに、同一の栄養素が含まれていたとする。同一の栄養素が含まれているとわからず、または調べずに飲み続けていると、過剰摂取となることもある。

また、1つのサプリメントには通常呼ばれている栄養素名で書かれていても、もう1つのサプリメントには化学名で記載されていて、気づかないまま1つの栄養素を過剰に摂取していることもある。これは、正しい知識もなくサプリメントを飲むために起こる事故である。

② 体内での栄養のバランスを壊さない

体内では、正常な状態を維持するために、さまざまな栄養素がバランスを保ちながら働いている。特にミネラル同士やビタミンB群は、1つの栄養素の吸収が多くなると、ほかとのバランスが悪くなる。そうして割合に差が出ると、割合が低くなった栄養素が欠乏状態になることがある。

このように、栄養素の特性を考慮せずに、知識もないままサプリメントを飲めば、体内での栄養素のバランスを失ってしまう。それを防ぐためにも、慎重に判断して飲まなければならない。

③ 不必要な栄養を過剰に摂取しない

ビタミンB群のような水溶性ビタミンは、過剰摂取の場合、尿中に排泄される。これはつまり身体にとって必要ないということを意味するので、これらのサプリメントの摂取や摂取量を見直さなければならない。また、脂溶性の栄養素は体外に排泄できないため、体内に蓄積されて過剰症を引き起こすことも。こうならないためにも、摂取自体を慎重に行う必要がある。

column

アスリートが摂取すべきタンパク質量は?

アスリートが摂取すべきタンパク質の量を、データをもとにご紹介しよう。

まず、大学のクラブに所属する競技選手(男子76名と女子62名)を対象に、秤量および概量換算法で食生活状況調査を行い、栄養素等摂取量を算出した。調査期間は、大学の授業期間中の通常の練習時期の7日間だ。

1日あたりのエネルギー(kcal)、タンパク質(g)、体重1kgあたりのタンパク質(g)、脂質(g)、炭水化物(g)の摂取量(平均±SE)は、それぞれ男子選手2859±87、93.9±2.9、1.46±0.05、90.1±3.1、403.4±13.2、女子選手2169±66、69.8±2.4、1.22±0.05、74.3±2.7、295.7±9.0だった。エネルギー構成比率(%)は、タンパク質、脂質、糖質が、男子選手で13.2±0.2、28.3±0.5、58.5±0.5、女子選手で12.9±0.2、30.7±0.5、56.4±0.5だった。

タンパク質の摂取量はほとんどの選手で体重1kgあたり2g以下、タンパク質のエネルギー比率も15%以下だとわかる(図12)。そこで、このなかから、タンパク質摂取量が体重あたり1g以下の選手と1.5g以上の選手の各数名が、分岐鎖アミノ酸のサプリメントを摂取した。1g以下の選手は「とても身体の調子がよい」と感じ、1.5g以上の選手は「何も変化がない」と話した。つまり、食事でタンパク質の摂取が必要量を満たしているとサプリメントに反応しないこと、また、慢性的に摂取不足な身体に補充すれば、身体は反応することがわかった。

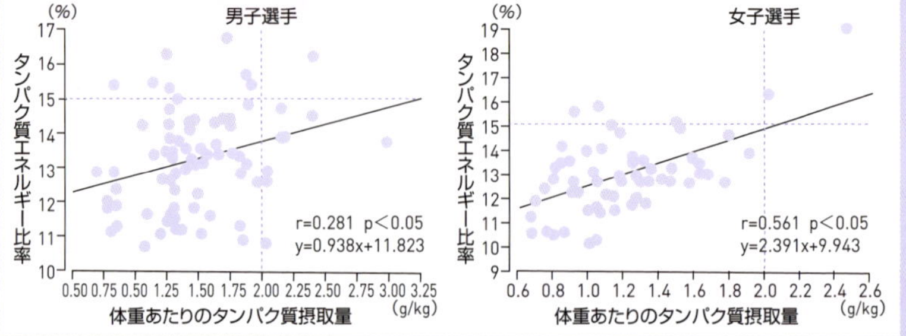

図12 体重あたりのタンパク質摂取量とタンパク質エネルギー比率の関係

第 5 章

競技力向上のための栄養

より高いパフォーマンスを発揮させるめに、どんなことが求められるのだろうか。
競技力向上に必要な栄養・食事に対する知識とスキルを習得しよう。

1 水分摂取

① 水の働き

人間の身体を支える水の3つの働き

人間の身体の50～60％は、水が占めている。ここでいう「水」とは、細胞内液と細胞外液から構成される体液を指す。

水は体内で主に３つの働きをする。１つ目は溶解作用（体内では物質を水に溶かすことで、化学反応を起こす）。２つ目は、老廃物の排泄や栄養物質の運搬などの運搬作用。そして３つ目は体温保持である。水は比熱が大きいため、気温や室温が低下しても体温はすぐに低下しない。このように、体液の働きによって、人間はある程度の体温が維持されるようになっているのだ。

一方、体温が高くなると発汗して気化熱を奪い、体温を下げる。しかし、こうした働きをする水が身体から失われると脱水症状となり、逆に水分が多すぎると浮腫となる。

成人が１日中、安静の状態で摂取する水分量は2500ml。また、１日に排泄する水分量も2500mlである（表31）。身体は、飲み物や食事のほかに、体内で栄養素が燃焼することによって得られる代謝水で、水分を摂取している。

排泄には主に尿や大便があるが、そのほかに肺から呼吸する際に水蒸気として排泄したり、皮膚から汗として排泄されたりする。これらを不《ふ》感《かん》蒸《じょう》泄《せつ》という。

汗と体温調節の仕組み

体温調節は、身体の温度を感知する中枢性と末梢性の受容器の情報によって行われる。体温が恒常性の範囲内になるよう、皮膚、血管、骨格筋などの各器官で管理されているのだ。中枢性の受容器は、温熱中枢と呼ばれ、視床下部にあって脳を流れる血液の温度を感知する。末梢性の受容器は、熱受容器と冷受容器からの情報を中枢に伝える。

受容器から伝えられた情報によって体温が上昇すると、皮膚表面の血管が拡張し、末梢血流量が増加し、皮膚表面からの熱の放散を多くして、発汗を促す。体表面に汗を分泌し、蒸発する際の気化熱を利用して

表31 成人における水分の出納量

摂取量(ml)		排泄量(ml)	
食物	1000	尿	1300
飲水	1200	大便	200
代謝水	300	不感蒸泄	1000
合計	2500	合計	2500

熱を放散させるのだ。このように汗を蒸発させることで体温を低下させる発汗を有効発汗という。また、蒸散させずに流れ落ちて、熱の放散に関与しない場合は無効発汗という。運動中は、発汗量が毎時1〜1.5リットルに達することもあるが、長時間この状態を続けることは不可能だ。

生命の危機を招く水分喪失

表32（P142）では、体重のどのくらいの水分を失うと、どのような症状が現れるのかを示している。ここで注目してほしいのは、体重の3％を超えると汗がいったん止まるということ。体内の水分の役割は、

① 水分摂取

表32 水分損失率（対水分）と現れる脱水諸症状との関係

水分損失率	症状
1％	大量の発汗、のどの渇き
2％	強い渇き、めまい、吐き気、ぼんやりする、重苦しい、食欲減退、血液凝縮、尿量減少、血液濃度上昇
3％	**3％を超えると、汗が出なくなる**
4％	全身脱力感、動きの鈍り、皮膚の紅潮化、いらいらする、疲労および嗜眠、感情鈍麻、吐き気、感情の不安定（精神不安定）、無関心
6％	手先のふるえ、ふらつき、熱性抑鬱症、混迷、頭痛、熱性こんぱい、体温上昇、脈拍・呼吸の上昇
8％	幻覚、呼吸困難、めまい、チアノーゼ、言語不明瞭、疲労増加、精神錯乱
10〜12％	筋けいれん、ロンベルグ徴候（閉眼で平衡失調）、失神、舌の膨張、譫妄および興奮状態、不眠、循環不全、血液濃縮および血液減少、腎機能不全
15〜17％	皮膚がしなびてくる、飲み込み困難（嚥下不能）、目の前が暗くなる、目がくぼむ、排尿痛、聴力損失、皮膚の感覚鈍化、舌がしびれる、眼瞼硬直
18％	皮膚のひび割れ、尿生成の停止
20％以上	生命の危険、死亡

脱水症状は、小児の場合で5％ほど不足すると起こり、成人では2〜4％不足すると、顕著な症状が現れはじめる

最初に説明した３つだが、体温調節で水を使いすぎると、溶解作用と運搬作用に使う水が少なくなり、身体を正常に維持できなくなって汗がいったん止まるのである。というのも、運動することで、万が一、そのまま体温が上昇して80℃くらいにまで達したら、体内のタンパク質が熱で凝固してしまうからである。体タンパク質には筋肉、酵素などがある。筋肉がゆだれば動かなくなるし、酵素がゆだれば化学反応ができなくなって生きられなくなる。タンパク質が凝固する温度は60℃程度なので、体温はそこから20℃ほど幅のある40℃くらいで維持されているわけだ。いったん汗を止めて20℃に達するまでに、身体の水分を回復しなければならないのだ。

また、体温が上がりすぎると、脱水によってさまざまな症状が出る。汗をかくのは、正常に活動したらますます熱が高くなるので、活動を止めようとするためだ。

このように、水分が失われるということは、身体にとって生命の危機的な状態を招く。それを防ぐためのシステムが、人間の身体には組み込まれているのである。

② 給水の必要性と熱中症の危険

死に至る危険をもつ熱中症

熱中症は脱水によって起こるが、熱中症には、熱射病・熱疲労・熱けいれん・熱失神という４つの症状がある（表33参照）。

例えば、選手が運動中に熱中症になったとする。意識症状を自覚して指導者に知らせても、指導者は熱射病を疲れだと勘違いし、「休めば治る」と言ってしまうことがある。しかし休んでいる間に脱水が進み、最悪の場合は死に至る。

熱けいれんは、水分補給の際に水だけ飲んだ場合に起こる。汗の成分を摂取せずにいくら水を飲んでも熱中症になるのだ。筆者の経験からいうと、熱中症はクセになる。脱水は生死の境をさまようことであるから、一度経験すると、脱水のレベルが低くても脱水症状を起こすようになるのだ。また、気温が高くなくても熱中症は起こるので、運動時には常に注意が必要である。別掲の「熱中症の予防８カ条」（P144）をよく読んで予防しよう。

表33 熱中症の病型

病名	病型
熱射病	発汗による脱水、循環血液量の減少に続き、皮膚血管が収縮し、発生した熱が体表面から放熱することができず体温上昇が急速に進行し、脳にある体温調節中枢に障害が及ぶ。症状は、40℃を上回る体温、意識障害、めまい、ショック状態、吐き気などがある。適切な処置がなされない場合、多臓器不全を起こし、死亡することもある。
熱疲労	発汗が顕著であり、脱水と塩分不足により起こる。症状は、全身倦怠感、脱力感、頭痛、めまい、吐き気などがあり、血圧低下、頻脈、皮膚の蒼白がある。
熱けいれん	大量の発汗にともなった塩分の喪失によって起こる。運動時に多量の汗をかき、給水に電解質を含まない水分のみを大量に補給した際に起こりやすい。症状は、筋肉の興奮性が亢進し、四肢や腹筋などに痛みをともなうけいれんを生じる。また、腹痛やおう吐も見られることがある。
熱失神	運動終了直後に発生することが多く、運動を急にやめることにより静脈還流の低下が生じ、一過性に脳貧血による立ちくらみが起こる。また、長時間、直射日光の下での発汗による脱水と抹消血管の拡張が起こり、相対的に全身への循環血液量が減少する。症状は、頻脈、頻回の呼吸、皮膚の蒼白、唇のしびれ、めまいや失神が起こる。

①水分摂取

熱中症の予防８カ条

①知って防ごう熱中症
②暑いとき、無理な運動は事故のもと
③急な暑さは要注意
④失った水と塩分取り戻そう
⑤体重で知ろう健康と汗の量
⑥薄着ルックでさわやかに
⑦体調不良は事故のもと
⑧あわてるな、されど急ごう応急処置

（財団法人日本体育協会発行「スポーツ活動中の熱中症予防ガイドブック」より）

発汗量にも注意しよう

水分の補給とともに注意したいのが、汗の程度。汗によって失う水分は、体重の２％以内の脱水に留めるべきである。例えば、体重50kgの選手なら、練習の前と後の体重差は２％の１kgを越えないこと。運動前後の体重差が大きい人ほど、水分の摂取量が足りないといえる。毎回、練習の前後で体重を測定できない場合は、尿を目安にする（詳しくは次項参照のこと）。

渇きを感じてからの給水では遅い

熱中症を防ぐためにも、選手は運動中の給水を強く意識する必要がある。給水の大原則は「のどが渇いたと感じる前に、定期的に水分摂取すること」。のどの渇きを知らせるサインを口渇感というが、これは「運動開始の30分後に必ず起こる」という単純なものではなく、体内の水分量を感知するセンサーが反応して起こるもの。そのため、口渇感が起こった時はすでに、体内で水分が不足し始めているのだ。

こうしたサインを無視して運動を続けると、身体は極力水を使わないよう各臓器や器官に働きかける。運動中に体内で最も使われる水分は汗なので、身体は汗をなるべく出さないようにする。

汗を出さないためには、運動量を少なくするか、やめさせるのが手っ取り早い。つまり、パフォーマンスを落とすのだ。さらに、給水の頻度や量、環境条件によっては、脱水症や熱中症などが起こる。運動時には必ず適切な給水を心がけよう。

熱中症を予防するための運動指針

日本体育協会では、熱中症予防８カ条を踏まえたうえで、実際に、どの程度の環境条件下（環境温度）で、どのように運動すればいいのかを、「熱中症予防運動指針」として具体的に示している（表34）。環境温度の設定は、WBGT（湿球黒球温度、表34の欄外参照）で実施しているが、これは現場で測定できないことが多いため、これに相当する湿球温度、乾球温度も明記されている。そのときの気象条件に応じて、運動内容や水分補給を配慮しよう。

表34 熱中症予防運動指針

WBGT（℃）	湿球温（℃）	乾球温（℃）		
			運動は原則中止	WBGT31℃以上では、皮膚温より気温のほうが高くなり、身体から熱を逃すことができない。特別の場合以外は運動は中止する。
31	27	35		
▲▼	▲▼	▲▼	**厳重警戒**（激しい運動は中止）	WBGT28℃以上では、熱中症の危険が高いので、激しい運動や持久走など体温が上昇しやすい運動は避ける。運動する場合には、積極的に休息をとり、水分補給を行う。体力の低いもの、暑さに慣れていないものは運動中止。
28	24	31		
▲▼	▲▼	▲▼	**警戒**（積極的に休息）	WBGT25℃以上では、熱中症の危険が増すので、積極的に休息をとり水分を補給する。激しい運動では、30分おきくらいに休息をとる。
25	21	28		
▲▼	▲▼	▲▼	**注意**（積極的に水分補給）	WBGT21℃以上では、熱中症による死亡事故が発生する可能性がある。熱中症の兆候に注意するとともに、運動の合間に積極的に水を飲むようにする。
21	18	24		
▲▼	▲▼	▲▼	**ほぼ安全**（適宜水分補給）	WBGT21℃以下では、通常は熱中症の危険が小さいが、適宜水分の補給は必要である。市民マラソンなどではこの条件でも熱中症が発生するので注意。

WBGT（湿球黒球温度）
屋外：WBGT＝0.7×湿球温度＋0.2×黒球温度＋0.1×乾球温度
屋内：WBGT＝0.7×湿球温度＋0.3×黒球温度
- 環境条件の評価はWBGTが望ましい
- 湿球温度は気温が高いと過小評価される場合もあり、湿球温度を用いる場合には乾球温度も参考にする
- 乾球温度を用いる場合には、湿度に注意。湿度が高ければ、1ランクきびしい環境条件の注意が必要

（日本体育協会「熱中症のための運動指針」より）

1 水分摂取

③ 給水のタイミングと内容

運動時の水分補給の方法

運動時の水分補給の目安は、エネルギー消費量1000kcalあたり1.5〜2.0リットル。しかし、運動時のエネルギー消費量を測定するのは難しいので、運動開始20〜40分前に250〜500mlほど水分摂取する。

運動中は、コップ1杯の水分を15分おき、つまり1時間に4回、合計500〜1000mlを補給するようにする。もちろん、運動の継続時間や強度、気象条件によって量とタイミングを調整することが必須だ。体温の上昇を抑える意味でも、冷たい飲み物がよい。

チェックは練習後の尿で

運動時の水分摂取量が適切かどうかは、練習後の尿でチェックできる。練習後、1時間ほどで尿意を感じ、色の薄い尿をある程度排尿すれば、練習中の水分補給は成功といえる。逆に、2時間以上の練習中に排尿がなく、食後しばらく経ってから排尿する場合や、練習後の尿の色が濃く、量が少ない場合は、練習前と練習中（または練習後）の水分摂取量が少ないといえる。

給水は水でなくスポーツドリンクを

実際の給水では、水ではなくスポーツドリンクを飲む必要がある。汗にはナトリウムや塩素、カリウム、マグネシウム、カルシウムなどの電解質が含まれている。特に、一定量含まれるナトリウムや塩素などは、汗をかくほど失われるので、水分とともに補給しなければならないからだ。

スポーツドリンクには水分を吸収しやすくする働きもあるが、水は浸透圧を利用して腸管の内外を動く。腸からスムーズに水を吸収するためには、体液よりスポーツドリンクの成分濃度が薄くなければならない。このため、ナトリウムや塩素は生理食塩水（0.9％）よりも薄く、糖質は3〜6％が望ましい。スポーツドリンクを薄めて飲むと、ナトリウムや塩素が少なくなってしまうので、半分に薄めたら、1つまみの塩を入れて補充するようにしよう。

スポーツドリンクは、自分でも簡単につくることができる。自分の体調や好みに合った「マイドリンク」づくりに挑戦してみてもよいだろう。

糖質補給と水分補給

スポーツドリンクの甘みは、運動時に使われる糖質補給にもなる。エネルギー補給だけなら糖質が多いほうが効率はよい。しかし、飲料の糖質濃度が体液よりも高くなると、濃い糖質を薄めようとして水が体液から腸管に移るため、ますます体内の水が奪われることになってしまう。つまり、運動時の給水では「エネルギー源としての糖質の補給」と「水分の補給」のどちらを優先させるかを考えなければならないというわけだ。しかし、水分不足はパフォーマンスの低下や脱水、熱中症を引き起こす。このため、まず水分補給を優先した上で、水分の吸収に邪魔にならない量（体液よりも薄い濃度）の糖質を、飲料などで補給するのがよい。

市販のスポーツドリンクは水分補給が優先で、エネルギー補給の糖質は抑えられている。エネルギー補給を優先して糖質を含む飲料を飲む場合は、そのときの体調や気象条件に合わせて飲む量とタイミングを考えること。発汗で失われたミネラルなどをスポーツドリンクで補充できると考える人も多いが、これらも水分補給をした上で補充しよう。

スポーツドリンクは、自分でも簡単につくることができる。濃度が体液より薄くなるよう、塩分は0.9%以下、糖質を3～6%に設定するのがポイントだ。風味づけにレモン汁を加えるとクエン酸も補給できる

試合前、当日、試合後の食事

① 試合前の過ごし方

試合で練習以上の力を発揮できることもあれば、そうでないこともある。そこで、試合前の自分の生活や行動が、どんな結果に結びついているか、確認してみよう。

睡眠環境を整える

試合前から当日にかけて、普段と全く変わらない場所で練習や寝食ができれば問題は少ない。しかし、ホテルなど普段とは違う環境から試合会場に行かなければならない時には、なるべく普段と同じ条件に近づけるとよい。そう聞くと、アスリートはまず試合前の練習場所を考えがちだが、試合前のコンディショニングにおいては、寝食の条件を普段に近づけるほうが大切だ。

まずは睡眠。どこでも眠れる人もいれば、寝具や灯り、音などに敏感な人もいる。経済的な条件にもよるだろうが、こうしたことに過敏な人は１人部屋を確保するとよいだろう。また、ホテルなどでは濡れタオルを部屋に干して乾燥を防ぐ、空調をオフにして窓の開閉や服の着脱などで体温調節することも大切だ。これらの調節がうまくいかないと風邪を引きやすい。

遠征先でもなるべく普段の食事を

次に食事だ。最善策は普段作ってくれる人の料理を食べることだが、なかなか難しい。ホテルなどでプロが作る食事は、二度揚げなど、おいしくするためのテクニックや食材、味つけがなされているため、試合前には適さないことがある。事前に宿泊先に食事内容を確認し、要望を伝えておくとよいだろう。

例えば、刺身なら加熱したメニューに変えてもらうなどして、安全性の高いものを食べるようにする。これは、ホテルやレストランなどの衛生状態が悪いというのではなく、どんなところでも「絶対大丈夫」という保証がないからだ。食材の鮮度に定評があっても、試合前で興奮状態のアスリートの身体は、普段通りの消化が行われないこともある。胃での殺菌能力が低下していたら、試合前に下痢になる可能性もある。

パフォーマンスを低下させる食事とは

調理から時間が経ち、傷みが懸念されるものは食べないこと。食べたくないと感じたものは食べないほうがよい。海外では貝類や甲殻類、調理が不十分な食物、香辛料がたっぷりの料理などは特に注意し、なじみのある食物を選ぶ。また、水の衛生が悪いところでは、調理器具や食材を洗う水で下痢になることも。生の野菜や、皮がむいてある果物は食べないほうが安全だ。

下痢をすると食べられなくなるだけでなく、身体から水と電解質が奪われて、脱水症状を起こしやすくなる。健康を損ねたり、実力を発揮できなくなったりする恐れのある状況は回避したいものだ。

また、遠征先での食生活の変化は便秘になりやすい。いつもと同じ量の野菜や果物を食べたほうが便秘になりにくいが、普段より食物繊維を摂りすぎると下痢やガスが発生しやすいので注意しよう。試合会場が暑いときや水分の摂取量が少ないと、便意を催しにくくなる（P45コラム参照）。これによって排便のタイミングがずれ、競技に影響が出ることもあるので、暑い場所では普段より多めに水分摂取しよう。

「試合前の食事」を要望する

試合のためにホテルや宿に泊まる場合には、あらかじめ食事についての要望を出すとよい。宿泊先の食事担当者は、お客様に普段、家庭で食べているものとはちょっと違う「プロの味」を堪能してほしいと考えている。「プロの味」のポイントは、例えば、バターをふんだんに使う、カリッとした天ぷらなどなど。おいしくするために、油（脂）の使い方が素人とは違うのである。しかし、試合前の選手の食事（P150参照）は、油（脂）をいかに落として、穀類をしっかり食べるかが重要。つまり、目的に合わないわけである。

どこで試合が行われるにしても、その試合という目的に向かって食事の管理が必須となる。筆者がいつも使用している食事への要望をまとめた書面を掲載するので、参考にしてほしい。

食事担当の方へ

試合前ですので、食事に注意を払わなくてはいけません。
お手数をおかけしますが、希望をかなえていただけたらうれしいです。

調理やメニューの注意点は、揚げ物（天ぷら、カツ、コロッケ、唐揚げ、さつま揚げなど）、カレーライス・ハヤシライス・グラタン・シチュー、マヨネーズ和えや焼き、中華丼、麻婆豆腐のようなあんかけ類などの油を多く使う調理法の料理は、極力なくしたく思います。そのため、揚げ物等は、油の使用の少ない調理法のメニューに変更していただけますでしょうか？　肉や魚、卵の量はそのままにし、油を少量利用、あるいは、なしで調理した料理が適しています。

また、生ものは、緊張している選手において消化の能力が低下する関係から、消化よくするために火の通ったものをお願いしたく、刺身は避けていただきたいと思います。

食事量については、一般の方の1.5～2倍を用意していただきたいです。特に、ご飯は、お代わりが何度でも可能にしていただきたいと思います。

よろしくお願いいたします。

栄養サポート担当　鈴木志保子

② 試合前の食事──グリコーゲンローディング

どんな競技でも、運動する際は筋肉と肝臓にグリコーゲンが多く蓄えられているほうがよい。そのため試合前に糖質の高い食事をとり、グリコーゲンを蓄えておくと、よりよい結果を得ることができる。これを「グリコーゲンローディング」という。

グリコーゲンは、肝臓と筋肉に貯蔵できるが、貯蔵量には限りがある。肝臓のグリコーゲンは主に血糖の維持に使われ、筋肉のグリコーゲンは筋肉での運動のエネルギー源になる。

運動時に筋肉内のグリコーゲン量が減少すると、血糖（血液中のグルコース）が使われる。このように、運動時のグリコーゲン不足はパフォーマンスの低下を招くので、試合時にはグリコーゲンをしっかり蓄えておく必要がある。

表35 グリコーゲンローディングの方法

1日目	糖質を使い果たす運動（自由に設定する）
2日目	適度な糖質を含む混合食 運動は少なくする
3日目	適度な糖質を含む混合食 運動は少なくする
4日目	適度な糖質を含む混合食 運動は少なくする
5日目	高糖質食 運動は少なくする
6日目	高糖質食 運動は少なくする、あるいは休息する
7日目	高糖質食 運動は少なくする、あるいは休息する
8日目	試合

(Melvin H. Williams : Nurtrition for health, fitness sport. 5th ed., p119, McGraw-Hill, 1999.)

油のエネルギーを糖で摂る「高糖質食」

グリコーゲンローディングの方法は表35に示した。食事の内容ともに運動量を調節することが不可欠である。

食事については、試合の3日前までは糖質（穀類に含まれるデンプン）を適度に含む、バランスのよいメニューを摂ること。そして、試合3日前からは「高糖質・低脂肪・タンパク質そのままの食事」を摂るようにしよう。

高糖質食とは、1日の総エネルギー摂取量の70％以上を糖質（デンプン）で摂り、脂質を15％以下に、タンパク質を15％程度にするというもの。具体的には、以下の❶～❹の食品や料理に含まれる油のエネルギー分を、ご飯やパン、パスタ、めんなどで摂取する。

❶揚げ物（から揚げ、天ぷら、カツ、コロッケ、さつま揚げ、フライなど）

❷ルーもの（カレー、シチューなど）

❸肉の脂身

❹油を多く含む食品（ベーコン、バター、マーガリン、チーズ。これらは禁止）

油のエネルギー分の糖質への換算は、表36を参考にしよう。高糖質食を行う際、脂質を落とすために肉類を減らすと、タンパク質やビタミン、ミネラルの摂取量も減る。すると、だるさや疲労、スタミナの減退、集中力の低下を招く。これを避けるために、肉、魚、卵、乳・乳製品、豆・豆製品類のなかでも脂の少ないものを選んだり、野菜やきのこ、海藻、果物などもしっかり食べたりして、糖質以外の栄養素も維持しよう。

運動量との兼ね合いによる体重変動にも注意を

また、省エネな身体（P92参照）になっているアスリートは特に、試合前の調整で運動量が少なくなっている際には、食事量も減らして体重増加に注意すること。その際、食材の数は減らさないことがポイントだ。また、グリコーゲンを蓄えると水も一緒に蓄えられるため体重が増える。こまめに測定して体重の増減をチェックしよう。

グリコーゲンローディングは、大切な試合の前にいきなり行うのではなく、練習試合などの前に予行練習しておいたほうがよい。自分に合った方法を見つけて、本番に臨むのが理想的だ。

表36 揚げ物に含まれる油の量の食材に対する割合（吸油率）とその油の量をパンあるいはご飯に換算したときの分量

食品	分量	吸油率	吸油した油のエネルギー量	ご飯（軽く1膳）あるいはパン（6枚切り1枚）に換算※
チキンカツ	70g（1枚）	13%	83kcal	約1/2膳・枚
コロッケ	90g（1個）	7％	59kcal	約1/3膳・枚
アジフライ	65g（1枚）	20%	119kcal	約3/4膳・枚
小海老のかき揚げ	20g	35%	64kcal	約1/3膳・枚
海老の天ぷら	25g（1尾）	10%	24kcal	約1/6膳・枚
トンカツ（ロース）	100g（1枚）	13%	116kcal	約3/4膳・枚
春巻き	1本（57g）	12%	63kcal	約1/3膳・枚
ドーナツ	1個（25g）	15%	35kcal	約1/5膳・枚

※ご飯を軽く1膳とパン6枚切り1枚はそれぞれ160kcal

注意：1.エネルギー量や換算した分量には、衣のエネルギー量は考慮されていない。
2.表面積の大きいものや水分の多いものは吸油率が高くなる。
3.脂肪の多い食材は、調理中に揚げ油と交換されるので吸油率が高くなりにくい。
4.食材の中に脂肪が多いほど、揚げあがったときのかさが小さくなる。
5.水分の少ないデンプン質の食材は、吸油率が低い。

（「栄養と料理」家庭調理グループ編集、調理のためのベーシックデータ、女子栄養大学出版部、換算データは著者作成）

③ 試合当日の食事

身体の声をよく聞いて

競技によって試合の期間や1日の試合数などは異なるが、試合当日の食事もまた、「高糖質・低脂肪・タンパク質そのままの食事」が基本だ。ただし、試合の開始時間によっては、食事の時間がずれる。また、試合での肉体や精神の興奮・緊張は、消化や吸収に影響を及ぼす。練習と同じ運動強度や時間で試合をしても、普段通りの消化・吸収ができず、下痢をしたり気持ちが悪くなることも。身体の声を聞いて、食べるものの質（内容）と量にも注意をしよう。

例えば試合が朝8時からの場合。早朝は食欲がなく、朝食が食べられない人もいる。その場合、前日の寝る1時間ほど前に糖質中心の軽食を摂り、早朝の食事量を軽くする。ただし、寝る前に食べると胃がもたれる人はこの方法は避け、早寝早起きして軽く身体を動かし、朝食が摂れるようにする。その場合、就寝や起床の時間変更に身体が対応するのに時間がかかるので、試合1週間前から調整していこう。

試合がお昼前後なら朝食後、試合開始3時間前までに軽食を摂る。朝食の量を少し抑えて、試合開始の3時間前までに軽い昼食を摂るのもよい。試合が夜なら、同じように昼食後、試合開始3時間前までに軽食を摂る。このように試合の開始時刻に応じて食事時間が変わるので、エネルギーや栄養素が不足することがないよう、個人の身体の特徴（緊張や消化・吸収の特徴）に合わせた食事計画を立てておこう。

試合の直前に食べるのはNG

試合当日は、緊張で食べられないこともあるだろう。食べ物を口に入れることさえ拒否する人もいるが、高エネルギーのゼリーや流動食くらいは口にして、エネルギー源とエネルギー代謝に必要な栄養素を最低限は確保したい。また、普段と同じ食事量で胃もたれするなら、少量ずつ食べたり、消化のよいメニューにしたり、食べるタイミングを調整したりする。

一方、緊張すると食欲が増し、試合前についい食べすぎてしまうタイプもいる。この場合は、持参する弁当や補食の量に気をつける。冷静に考えて適切な量を食べたあと、最低15分待って身体に適量かを聞く。それで必要だと感じたら少し食べ、再び身体の声を聞く、というようにするとよい。勢いに任せて食べすぎないよう注意したい。

普段の練習の直前には何も食べないのに、試合の時だけ直前まで食べている人もいる。ほとんどの競技では、試合直前に摂った食品から得られたエネルギーや栄養素が、試合中に十分に消化・吸収され利用されることはない。むしろ実力が発揮できないこともある。というのも、下痢や吐き気などを起こすほか、食後の血糖が上昇した状態で運動することにより乳酸（疲労物質）がたまりやすくなるからだ。直前の食事や補食はやめよう。

試合の間隔が短い場合には、グリセミックインデックス（GI、P116、P156参照）の高い食品を利用するとよい。

試合直前に食べるのはNG。効果よりも、むしろ実力発揮を阻害する要因になりかねないので注意したい

④ 試合後の食事

疲労回復を考慮した栄養補給計画を

試合前だけではなく、終了後の食事にも工夫が必要だ。自律神経は、内臓だけではなく全身に影響する。肉体的疲労に精神的な疲れが加わって疲労が大きくなる試合終了後は、疲労回復を考慮した栄養補給計画を立てることが重要なのである。

疲れの回復には肉体的回復と精神的回復があり、肉体的回復には筋肉と内臓の回復がある。筋肉の回復にはマッサージなどが有効だ。手入れを怠ると回復に時間がかかり、故障の原因にもなるので注意したい。

内臓の回復については、消化のよいものをよく噛んで食べ、内臓の負担を減らすことも大切だ。適切な食事は、内臓に負担をかけずに、試合中に消費したエネルギーや栄養素を補ってくれる。

自分の好きなものからおいしく消化のよいものを選ぶ

精神的な回復ももちろん大切だが、“精神の回復”と称して好きなものを好きなだけ食べたり飲んだりするのは逆効果となる。内臓の疲労が蓄積し、エネルギーや栄養素を効率よく補給できなくなるため、身体全体の回復が遅くなってしまうからだ。試合後は、自分の好きなもののなかから、おいしくて消化がよく、栄養価の高い食事を心がけよう。

次の試合までにグリコーゲン貯蔵量を回復させる

次に、試合後の糖質の摂取について。十分に貯蔵されていたグリコーゲンは試合で消費されてしまうため、 試合後は再び補充しなくてはならない。

筋グリコーゲンの貯蔵速度は運動終了後が最も速い。それ以降、徐々に遅くなり、約24時間かけて運動前の状態まで回復する。

つまり、試合や練習のあとは、なるべく早い段階で吸収されやすい糖質を摂取し、グリコーゲン回復を促すことがベストなのだ（P116参照）。

まずは糖質補給を

試合直後に意識したいのは、エネルギー源として使われた糖質を補給すること。この際、運動中の水分補給のドリンクよりも糖質が濃いものを選ぶようにする。ただ、甘すぎるドリンクはのどが渇くため、つい飲みすぎてしまいがち。その結果、水分で満腹になってしまい、肝心の食事が食べられなくなるので注意しよう。

また、試合で消費したビタミンなど、エネルギー代謝に必要な栄養素が含まれたものを試合直後に摂ると回復が早い。その時だけでは十分に補充できないので、不足した分はあとの食事でしっかり補うことも意識しよう。

1日に2試合以上ある場合は

1日に2試合以上ある時は、吸収の早い糖質と、エネルギー代謝に必要なビタミンが含まれるドリンクを試合直後になるべく早く飲むこと。試合と試合の間隔が短く、食事がとれない時は、おにぎりなどの穀類やゼリーなどを少量ずつよく噛んで食べる。その際は、同時に水分もしっかりと補給しよう。

試合直後のグリコーゲン回復という視点で考えると、1試合目の開始時点でグリコーゲンの貯蔵が100％、試合で使って50％になった状態で、2試合目に向けて試合後に回復させるのと、1試合目の開始時点で80％、試合で使って30％になった状態で回復するのとでは、効率が大きく違ってくる。

試合の間隔が短い場合は、試合前にいかにグリコーゲンを十分蓄えられているかが、調子を左右するということをよく覚えておきたい。

試合が続く場合の食事

連日、試合がある場合には、試合前の食事の基本である「高糖質・低脂肪・タンパク質そのままの食事」をそのまま続けよう。心身ともに疲れがあり、食欲もないようであれば、食事のメニューを工夫する。例えば、鶏肉、豆腐、卵、野菜、きのこなどをたっぷり使ったスープとご飯であれば、消化も早く、メインと小鉢が一体化しているので、「ちゃんと食べなくてはいけない」という心の負担も軽減される。その際、十分な量のご飯が食べられないようであれば、エネルギー補給用のゼリーや甘いドリンクなどで糖質の摂取を補うといい。

毎週末など定期的に試合がある場合には、次のような考え方ができる。

■試合当日（日曜日）
→高糖質・低脂肪・タンパク質そのままの食事
■試合後1日目（月曜日）
→油（脂）を使ったメニュー
■試合後2日目（火曜日）
→油（脂）を使ったメニュー、あるいは、通常の食事
■試合後3日目（水曜日）
→通常の食事
■試合前1～3日目（木曜日～土曜日）
→「高糖質・低脂肪・タンパク質そのままの食事
■試合当日（日曜日）
→「高糖質・低脂肪・タンパク質そのままの食事」

食事を管理することがストレスにならないようにメリハリをつけて、日々の食事管理を行うことが重要だ。また、アルコールの摂取などの嗜好品に関するも管理も、合わせて決めるべきだ。

⑤ グリセミックインデックスを食事に活用する

グリセミックインデックスとは？

グリセミックインデックスは、血糖上昇反応指数ともいわれ、略してＧＩと示される。これは、基本的に炭水化物を含む食品や食事を摂取したあとに、血中グルコース（血糖）濃度が上昇する際の反応の大小を表す指数である。言い換えれば、血糖値の上昇を左右する要素である食品の消化吸収速度と、体内での利用効率を指数としたものである。

GIが高い食品の特徴

甘いジュースなど、ＧＩが高い食品は、吸収が早い。そのため、グリコーゲンの貯蔵が少ない時や、運動後のグリコーゲンを回復させる際に有効だ。練習や試合のあとに、確実にグリコーゲンを回復させたい時は、ＧＩの高い食品（表37参照）を選んで摂取するとよい。

この指数は調理方法や食べ合わせにより変化する。例えば、油を使って調理したものや脂肪の多いものと一緒に食べると低下する。

GIが低い食品の特徴

ＧＩが低い食品は、運動後に筋肉が糖質を必要とする間（寝ている間など）に、血液中のグルコースの濃度を長期間高くしておくのに好都合である。しかし、消化と吸収が遅く、食物繊維の含有量が多いため、糖質を必要量摂取しようとすると、摂取量が多くなりすぎて食べきれなくなる。また、習慣的な低ＧＩの食事は、かさがあるが、糖質量が思っているほど多く摂取できないことから、筋グリコーゲンが減少したという報告もあることを覚えておこう。

このように、食品の選択や調理法にＧＩを活用すれば、試合前やトレーニング期間中の食生活がより充実するはずだ。

表37 各種食品のグリセミックインデックス

グリセミック指数 食品	高い（85以上）	中等度（60〜85）	低い（60以下）
穀類	フランスパン 食パン コーンフレーク もち かゆ 赤飯 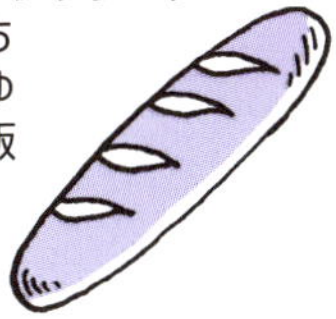	ご飯（精白米） スパゲティ 全粒粉パン ピザ ライ麦パン クロワッサン ロールパン	ご飯（玄米） オールブラン （シリアル）
乳・乳製品			牛乳 スキムミルク 低糖ヨーグルト
いも・豆・野菜	にんじん スイートコーン マッシュポテト ベイクドポテト ゆでジャガイモ	フライドポテト 焼きサツマイモ かぼちゃ ゆでグリーンピース ゆでとうもろこし	大部分の豆類 ピーナッツ 
果実・ジュース	レーズン	スイカ ブドウ オレンジ オレンジジュース パイナップル バナナ パパイヤ メロン キウイ マンゴー	リンゴ リンゴジュース グレープフルーツ グレープフルーツジュース アンズ 洋ナシ サクランボ 桃 プラム
砂糖・菓子	ブドウ糖 麦芽糖 しょ糖（砂糖） はちみつ シロップ せんべい 	ジェリービーンズ ドーナツ ワッフル コーラ マフィン クッキー ポップコーン ポテトチップ アイスクリーム チョコレート	バナナケーキ スポンジケーキ 乳糖 果糖（フルクトース）

（Coyle, E..F.:Timing and method of increased carbohydrate intake to cope with heavy training, competition and recovery. J.Sports Sci9.29-51,1991.）

3 減量

ダイエットは、体脂肪や体重が基準よりも多い時に行うもの。しかし、アスリートは競技力向上のため、より体脂肪の少ない身体を求める。競技の特性によっては、減量が必要となる例もある。減量を行うとき、どんな点に留意したらよいのかを見ていこう。

計量のある競技の減量法

まずは柔道やレスリングなど階級別競技で考えてみよう。これらは必ず計量があるが、その後は再計量がないので、計量後の食事量や試合までの体重増加は問題にならない。当日計量なら、身体が動かなくなるのを防ぐため、試合直前に食べすぎることはない。しかし、前日計量の競技では1日空くため、コンディションを崩さずにどれだけ食べて体重を増やすかが勝敗を分けるという。

期間が短く、体重の減少量が多いほど、リバウンドはしやすい。計量後、体重を増加させたほうが有利な競技では、その性質を利用する減量法は理にかなっているといえる。具体的には、普段の体重をエントリーする階級より2～3kg増やし、その上で、試合前3日以内に主に水分で減量し、筋肉量は極力減らさないやり方だ。

故障したときの減量は?

故障した時も減量は重要だ。省エネな身体になっているアスリートは、活動量が減って食事量が変わらないと太る。しかし、普段足りない栄養を補うチャンスでもあるので、練習再開時に確実に減らせる程度なら体重を増やすのもよい。そして故障前の3/4の食事量で体重を落ち着かせつつ、故障した部位を使わないトレーニングで、なるべく活動量を増やすことができれば理想的だ。活動量が確保できない時は食事量を減らすほうがよいが、極端な減量はしないこと。

危険な超省エネ体型減量スパイラル

次に、新体操などスリムな体型が求められる競技や、陸上の中・長距離など体重が記録に直結する競技について説明しよう。

これらの競技は超省エネな身体（P 94参照）になりやすく、そのエネルギー摂取量は、基礎代謝量から安静時代謝量ほどしかないことが多い。すると、食欲が非常に高まり、ドカ食いをしてしまう。その際、身体が一番求める糖質、つまり甘いものを食べる。ただし、タンパク質やビタミン、ミネラルは不足したままで、体重だけが増える。これを繰り返しているうちは、超省エネな身体にはならない。しかし、欲求に耐えてドカ食いを抑えると、極端な減量によって極端にやせ、鉄欠乏性貧血や無月経、情緒不安定、摂食障害になることも。さらに疲労骨折、筋膜炎、骨膜炎といった故障も起こりやすくなる（第 4 章参照）。

故障をして練習ができなくなったり、運動量が減ったりすると体重が激増する。食事量を減らそうにも、もともとの摂取量が少ないため減らせない。故障が治ってから極端な減食をしても、初めて超省エネな身体を手に入れた時ほど体重は落ちないのだ。すると、練習量を増やしたり、1 食抜いたり、食事量を減らしたりして「超省エネな身体」に戻そうとする。これによって、さらにエネルギーや栄養が不足するため故障する。すると体重が増えるからまた減食する……。この流れを繰り返すうちに、身体はどんどんやせにくくなっていく。

また、精神的に追い込まれて引退を考える例も少なくない。競技生活を長く続けるためにも、超省エネな身体になってはいけない。

減量をするにあたってのポイント

①期間を目標に合わせた計画を立てる
②毎日、体重と体脂肪率を計測し、体脂肪量の変動をチェックする
③体脂肪量の減り方によっては計画を修正する
④食事を調整する場合は、専門家に相談するとよい

4 貧血と予防策

アスリートに多いスポーツ貧血

アスリートの多くは、実はスポーツ貧血（運動性貧血）に苦しんでいる。貧血とは、血液中のヘモグロビン濃度が基準値（男性13.6〜18.3g/dl、女子11.2〜15.2g/dl）以下になること。筋肉など全身各組織への酸素の運搬能力が低下し、持久力が低下する。さらに、身体が冷えやすくなったり、エネルギー産生能力が低下したり、血中乳酸濃度が増加したりするといった症状が起こる。

激しい運動をすることで起こるスポーツ貧血の原因には、

❶ 食事からの鉄摂取量の不足

❷ 消化管出血や血尿

❸ 繰り返される衝撃と激しい運動に伴う赤血球膜の血管内破壊（溶血）

❹ 循環血漿量の増大による希釈性貧血（見かけの貧血）

❺ 汗からの鉄の損失

などがあると考えられている。原因は１つではなく、複数の条件が重なって起こる。❷〜❹は予防できないが、❶と❺はアスリート自身が意識すれば対策は立てられる。

ビタミンCで鉄の吸収アップを

まずは鉄の摂取について考えてみよう。表38に鉄を多く含む食品を挙げたが、食品中の鉄には、吸収されやすいものとされ

表38 鉄を多く含む主な食品

食品群	食品名	1回量(g)	鉄(mg)
肉	豚レバー	60	7.8
	鶏レバー	60	5.4
	牛レバー	60	2.4
	牛もも赤身	80	2.2
	牛ヒレ	80	2.0
	豚ヒレ	80	0.9
	牛もも脂身つき	80	0.8
	豚もも赤身	80	0.7
	豚もも脂身つき	80	0.6
魚介	なまり節	60	3.0
	まいわし丸干し	50	1.8
	かつお	80	1.5
	まいわし	80	1.4
	めばちまぐろ	80	1.1
	さんま	80	1.1
	ぶり	80	1.0
	ししゃも生干し	60	0.8
	しらす干し	10	0.1
	あさり缶詰水煮	30	11.3
	あさり	80	3.0
	あかがい	50	2.5
	干しえび	10	1.5
	かき	80	1.5
	しじみ	20	1.1
	さくらえび素干し	5	0.2
豆・豆製品	生揚げ	70	1.8
	糸引き納豆	50	1.7
	木綿豆腐	150	1.4
	大豆ゆで	60	1.2
	凍り豆腐	15	1.0
	きな粉	10	0.9
卵	鶏卵	50	0.9
野菜	小松菜	80	2.2
	ほうれん草	80	1.6
	大根葉	50	1.6
	切干大根（干）	15	1.5
	枝豆	50	1.4
	ソラマメ	50	1.2
	水菜	50	1.1
	ブロッコリー	50	0.5
	パセリ	5	0.4
きのこ・海藻	ひじき（干）	8	4.4
	きくらげ（乾）	2	0.7
	昆布（干）	10	0.4
	カットわかめ（干）	5	0.3
	焼きのり	1	0.1
ドライフルーツ	あんず（乾）	20	0.5
	いちじく（乾）	20	0.3
	プルーン（乾）	20	0.2
	干しぶどう	10	0.2
種実	アーモンド（乾）	10	0.5
	ごま（乾）	5	0.5

※1回量とは、一般的常用量を使用

にくいものがある。動物性の食品に含まれている鉄はヘム鉄、植物性食品には非ヘム鉄の形で存在する。植物性の食品に比べ動物性の食品のほうが鉄は多く、吸収率も高い（表39参照）が、動物性食品ばかりでは偏るのでアスリート食を実践することが大切だ（第４章参照）。ビタミンCは鉄の吸収をよくするので、食後に果物を食べると、植物性食品の鉄が吸収しやすくなる。

一方で、お茶の渋味の成分であるタンニンや、加工されていない全粒穀物製品に含まれるフィチン酸は、鉄と結合して鉄の吸収を阻む。一般の人なら問題ない量だが、スポーツ貧血の治療や予防をしている人は、食前食後の３時間はお茶類を飲まないほうがよいだろう。飲んでみて渋いお茶は要注意だ。

また、サプリメントや鉄剤などで鉄を多量に摂取すると、血色素症になったり、マグネシウムや亜鉛が欠乏する。鉄の吸収率は、高くても20％程度。これは、鉄が多くあっても困ることを表している。サプリメントや鉄剤が必要な時は専門家の指導のもと、ほかの栄養素の妨げにならない量やタイミングで利用しよう。しかし、こうした処方で一時的によくなっても、食事や生活リズムを変えない限り、本当の改善にはならないことを覚えておいてほしい。

表39 食品の鉄含量と鉄吸収率

	食品名	鉄含量(mg/100g)	吸収率(%)
植物性食品	米	0.5〜3.0	0.9
	ほうれん草	3〜5	1.3
	大豆	8〜13	6.9
動物性食品	レバー	8〜20	14.5
	魚肉	0.4〜1.0	8
	獣肉	1.5〜3.8	22.8
	鶏卵	2.5〜2.8	3
	牛乳	0.1〜0.3	2.8

汗のかきすぎは鉄不足の原因に

鉄は、汗によっても損出する。アスリートのなかには、ウエアを着込んでトレーニングしたり、サウナに入って大汗をかいたりして減量しようとする人がいるが、これではいつまでたっても貧血は改善しない。必要以上に汗をかこうとするのはやめよう。

食事以外では、早く寝る、よく寝ることも貧血の改善・予防となる。成長ホルモンの分泌が増す夜９時には床に就き、就寝中の身体の修復機能を最大限に利用しよう。

また、貧血の症状が重くなると、少ない運動量であってもトレーニングをしながら回復させるのが難しくなる。早く確実に回復するためには、完全休養することがベスト。指導者やアスリートにとっては勇気がいることだが、一番の近道といえる。

いずれにしても、貧血は競技に直結する問題であり、治療が必要な病気である。一度貧血になった場合は、アスリートでいる間は常に貧血対策が必要となる。貧血改善の経過観察と予防のために、定期的に血液検査をしておくのもいいだろう。

5 身体づくりとカルシウム摂取量

① 骨とカルシウム摂取

骨と血液で働くカルシウム

骨は、骨基質というタンパク質が網目状に走っており、そこにリン酸カルシウムや炭酸カルシウムなどの形でミネラルがくっついてできている。

骨密度とは、単位容積あたりの骨量を示しており、どのくらい骨の中が詰まっているかを表す。骨密度の数値が高いほど骨の中身が詰まっていることを示している。

一般的に骨量は運動によって増加する。男性は明らかではないが、女性では運動期間が長いほど骨量が多くなる。骨量を増やすには、持久力よりも瞬発力を必要とする運動のほうが、また、骨に与える刺激の回数よりも強度の高いほうが効果的とされる。

こうした骨を構成する材料にカルシウムがある。その摂取量が少ないと、血中のカルシウム量を維持するために、骨の中にあるカルシウムを使う。すると骨量は減少する。カルシウムは、骨の構成成分のほかにも、情報伝達や血液の凝固、血液を弱アルカリ性に保つなどの役割を担っている。そのため、身体は骨量の維持よりも血中の濃度の維持を優先させる。

アスリートの骨密度

運動による骨への刺激は、骨密度を上昇させる。しかし、過度のトレーニングやカルシウムの摂取不足によって、さらに女子アスリートの場合には無月経によって、骨密度は低下する。

アスリートの骨密度には特徴がある。バレーボールのようなジャンプの頻度が高い競技種目や、器械体操や柔道のように体重の負荷がかかる競技種目のアスリートの骨密度は高いのだ。一方、浮力の影響で体重の負荷がかからない競泳などでは低い傾向が見られる。

骨密度とカルシウム摂取量との関係については、摂取量が多いからといって骨密度が高いという結果は得られていない。カルシウムを適切に摂取し、骨刺激をうまく利用した運動をすることが、骨密度の維持と増加に必要であると考えられる。一度、骨密度の測定をして、骨の状態を確認してみるとよいだろう。

サプリメントとして摂取する際の注意

アスリートの場合では、競技特性によって骨密度が低くなり、疲労骨折など故障が起こることもある。なるべく骨密度を減少させないよう、しっかりとカルシウムを摂取しよう。

「栄養は食事から摂ることが原則で、サプリメントは必ずしも必要ではない」というのが筆者の考えだ。カルシウムはとりにくい印象があるかもしれないが、乳製品を上手に利用すれば、１日に600mg摂取する

骨の健康維持のための身体活動のガイドライン

アメリカスポーツ医学会（ACSM）では、成人と子ども（思春期を含む）に向けて、骨の健康維持のための身体活動のガイドラインを発表している。

ここにも示されているように、カルシウムの摂取だけではなく、運動もまた、骨の健康のために重要な要素である。参考にしてほしい。

■成人期のためのガイドライン

・運動形態：テニスやジョギングのような体重のかかる持久的な身体活動、ジャンプを含む身体活動、ウエイトリフティングのようなレジスタンストレーニング
・骨にかかる負荷（強度）：中強度から高強度
・頻度：体重のかかる持久的な身体活動は週に３～５回、レジスタンストレーニングは週に２～３回
・持続時間：運動形態のところに示した運動を組み合わせて１日に30～60分

■子ども（思春期を含む）のためのガイドライン

・運動形態：体操のような衝撃のある身体活動、ジャンプを含んだ身体活動、中強度のレジスタンストレーニングを組み合わせる
・骨にかかる負荷（強度）：高強度がよいが、レジスタンストレーニングにおける適度な強度は、1回だけ持ち上げることができる重さの60％未満
・頻度：少なくとも週に３回
・持続時間：1日に10～20分、１日に複数回行う方が効果的である

（American College of Sports Medicine〈ACSM〉Position Stand: physical activity and bone health.
〈アメリカスポーツ医学会　指針〉2004年）

ことは可能だ。しかし、乳製品が身体に合わず、摂取量がなかなか600mgに満たない人や、避けるべきことだが、忙しくて昼食を菓子パンだけですませたような時は、不足したカルシウムをサプリメントで補うというのは有効な方法といえる。

とはいえ、なにも毎食の栄養価を正確に計算するということではなく、どんな食品をどのくらい食べれば１日に必要なカルシウムが摂取できるかという、ある程度の目安をもっていれば十分だ。例えば、サプリメントから１日600mg摂取する場合に、朝食時に600mgを一度に摂取するよりも１食200mgずつ３回で600mg摂取するほうが効果的である。さらに、サプリメントを利用するなら、１錠に含まれるカルシウムが50～100mgと少量ずつの錠剤（あるいは顆粒状）になっているものを選ぶとよい。すると、１食ごとの不足分を上手に補うことができるだろう。

5 身体づくりとカルシウム摂取量

② アスリートの骨代謝とカルシウム

骨代謝が早いアスリート

日常的に運動するアスリートは、骨代謝が早い。骨代謝とは、破骨細胞が骨を少しずつ溶かし（骨吸収）、骨の細胞がそれを修復する（骨形成）働きのこと。骨は常に壊しては作ることを繰り返しているわけだが、アスリートはこの骨代謝が早いと同時に、骨量が減少しやすいのだ。また、カルシウムは汗の成分でもあるため、発汗の多いアスリートはさらに不足しやすい。アスリートが一般の人よりも多い１日に1000～1200mgのカルシウムを摂取すべきとされるのは、このためである。

過剰摂取分のカルシウムは吸収されない

表40には、カルシウムを多く含む食品を示しているが、食品中のカルシウムの吸収率は、最も良い牛乳で40%程度しかない。また、体内でのカルシウム蓄積量は一定に保たれるため、摂取しすぎると吸収力は落ちる。このことから、カルシウムは身体にとっては、必要以上に体内に入ってほしくないものであることがわかる。

表40 カルシウムを含む主な食品

食品名	分量	含有量(mg)
普通牛乳	1カップ(200g)	200
乳飲料(コーヒー)	1カップ(200g)	120
ヨーグルト(全脂無糖)	1/2カップ(100g)	110
ヨーグルト(含脂加糖)	1/2カップ(100g)	130
アイスクリーム(普通脂肪)	1個(100g)	140
チーズ(プロセス)	厚さ4mm2枚(25g)	158
鶏卵(全卵)	1～2個(50～100g)	28～55
アーモンド	中皿1盛り(30g)	69
ゴマ	大さじ1強(10g)	120
小松菜	1/4把(80g)	232
大豆(生)	中皿1盛り(50g)	120
豆腐(もめん)	1/2丁(150g)	180
豆腐(きぬごし)	1/2丁(150g)	135
油揚げ	1枚(25g)	75
納豆	1/2包(50g)	45
ひじき(乾燥)	1/5カップ(10g)	140
わかめ(乾燥)	1/4カップ(5g)	48
あゆ	中1匹(70g)	189
まいわし	大1匹(70g)	49
うなぎ	1串(90g)	86
さんま	中1匹(100g)	75
しじみ	中皿1盛り(20g)	64
あじ(開き干し)	中1匹(60g)	48
しらす干し	大さじ1強(10g)	53

カルシウムは過剰摂取すると吸収率が下がることを知っておこう

1日に大量の牛乳を飲むアスリートも多いが、1リットル中に含まれるカルシウムは1100mg。ほかの食品から得られる量と合わせると1500mg以上となる。つまり、普通の食事をした上で牛乳を飲みすぎると、カルシウム吸収率は下がってしまうのだ。

食品ごとのカルシウム吸収率は、牛乳などの動物性食品に比べ、豆類や野菜などの植物性の食品のほうが低い。カルシウムは、ビタミンDによって吸収を助けられるが、いろいろな食品から吸収阻害を受ける栄養素でもある。しかし、吸収を阻害する食品を食べなければ、ほかの栄養素が不足する。そのため、阻害する栄養素や栄養成分を含む食品を過剰摂取しない一方で、ある程度阻害されても十分足りる量のカルシウムを摂取することが望ましい。

6 女性の身体

① 無月経と骨密度との関係

女性アスリートに疲労骨折が多い理由

女性は運動期間が長いほど骨量が多くなるといわれている。しかし、陸上長距離の女性アスリートは、大学時代に疲労骨折を繰り返す人が多い。

疲労骨折は、ランニングやジャンプなど、運動中の動作で骨の一部にストレスがかかり続けることにより、骨に亀裂が生じることをいう。陸上の長距離選手は、下腿部の脛骨《けいこつ》と腓骨《ひこつ》に疲労骨折を起こしやすい。発生直後はレントゲン写真で確認できないことが多く、何週間後かに写ったりする。そのため、圧痛の感じから疲労骨折と推測し、安静や治療を始めることになる。疲労骨折の場合は亀裂が入るので、復帰には最低2カ月を要する。

大学に入って疲労骨折を繰り返す女性選手には、「高校時代はそんなことはなかった」と言う人が多い。なかには、練習量や走り方には問題がないが、骨密度が60歳代という大学女子選手もいた。原因として、運動性無月経による女性ホルモンの減少が考えられる。無月経が続くと、女性ホルモンのエストロゲンが減少するため、骨密度が低下するのだ。

間違った指導が無月経を助長する

図13は、体脂肪率と月経異常率との関係を示したものである。体脂肪率が低いと月経異常を起こす率も高くなっていることがわかる。体脂肪率の低さが記録や結果に影響する競技の強豪チームでは、女子選手が月経異常を起こしているケースが多い。これは一切の菓子類や揚げ物を禁じるなど極端な食事制限や、「太るからご飯はあまり食べるな」「生理があるのは鍛え方が足りないからだ！」といった間違った指導によっても助長される。女性アスリートは食事制限を守れないと精神面が弱いと自分を責め、「月経がないのは、自分がよく練習している証だ」と思い込んでしまうのだ。

高校時代に全国大会レベルに達した陸上長距離女子選手のなかには、月経不順や無月経の状態であったり、18～20歳になっても初潮がなかったりする選手も少なくない。こうした無月経による女性ホルモンの減少が疲労骨折を招くわけだが、大学時代

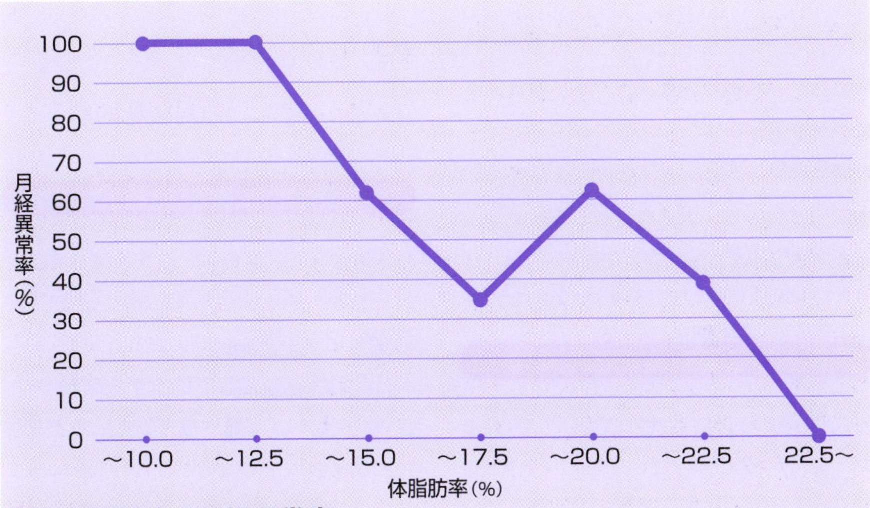

図13 体脂肪率と月経異常率

に頻繁に骨折するのはなぜか。

高校時代までは、生まれてから中学時代にかけて蓄えた骨量がある。しかし、高校時代に使い果たしてもなお、激しい運動と食事制限をすることで、大学生になる頃には身体が耐えられなくなるのだ。

無月経による女性ホルモンの減少を改善するためには、大量のホルモンを投与し月経を起こすことが必要になるが、この治療を行うと体重や体脂肪も激増する。治療を受ける際は、この副作用を考慮したうえで治療を行える医師を探していくことになる。

無月経や月経不順を放置しない

無月経を治療すると、疲労骨折が激減するだけでなく、月経が定期的に起こることで体重の変動幅が少なくなるというメリットもある。また、競技を引退後、妊娠・出産ができる身体を確保する意味でも、無月経や月経不順は絶対に放置せず、きちんと治療しなければならない。

そうした環境を整えるためには、指導者が正しい知識をもって月経管理に理解を示すこと、アスリートに理解のある医師を見つけること、スタッフで投薬のタイミングを検討すること、投薬後の身体の変化を捉えることなどが大切だ。

疲労骨折を繰り返し、筆者に月経の大切さを教えてくれた選手は、現在、1児の母になっている。

6 女性の身体

② 男子アスリートと女子アスリートの違い

同じアスリートでも、女性と男性にはさまざまな違いがある。一般的に、男性に比べ女性のほうが筋肉量が少なく、筋力も弱く、体脂肪が多いといわれている。そうした身体の構造の違いだけが記録の差を生むわけではないが、大きく影響していることは確かだ。しかし、選手と接していると、さまざまな面で男女差を感じられるものだ。

防衛本能に優れる女性の身体

最も顕著なのは練習後の食事だ。非常にハードな練習の30分後に食事を摂る場合、ほとんどの男子選手は食事をボーッと見つめるだけ。しかし、女子選手は食欲の有無に関係なく、とりあえず、箸《はし》を持って食べようとする。

そこで男子に「どのくらいあとになれば、食べる気になるか」と聞くと、「2時間後」という答えが最多だった。一方、女子の場合、遅くても1時間後には食べている。つまり、女子は男子ほど練習後の食事時間に考慮する必要がないといえる。

次に、風邪について。例えば、高熱のために2日間ほとんど食べられないと、男性選手は、体重が2kgは落ちる。しかし、女性選手は1kg落ちるか落ちないかがほとんど。そのため、男性指導者は「風邪で食べられないと言いつつ何か食べているのでは」と考えるが、そういうわけではない。アスリートに限らず、基本的に男性に比べて女性の身体は防衛本能に優れ、特に体重の減少には敏感で、体重の減少を防ぎ、減少したらすぐに回復させようとするのだ。

女性の健康維持に重要な役割をする月経

男女の最大の違いは、女性には月経があることだ。しかし、前項の通り、運動性無月経や初潮の遅延がある女子選手もいる。P167に示した図13からも、アスリートの体脂肪が一般の女性よりも少ないことが月経を乱す原因であることがわかる。

月経は子宮や卵巣だけでなく、脳も関与する周期的なもの。無月経の放置は疲労骨折を招くだけでなく、50代での子宮体ガンのリスクを高めるともいわれている。月経前は体重が増加するが、月経後には戻る。健康を維持するためには、月経は必要なのだ。

心理面にも見られる男女差

最後に、心理面について。試合で結果を出せたときなど、男子は素直に喜びを口にする。しかし女子の場合、「うれしいけど、来週には試合があるから頑張らなくちゃ」など、喜びつつも次の試合のことを考える傾向にある。

このように、女子と男子では肉体的、精神的傾向に違いがある。それらを理解してトレーニングや指導を行うとよいだろう。

男性と女性とでは、身体の構造以外にも、性差がある。トレーニングや指導は、これらを考慮したうえで進めていく必要がある

7 ドーピング

栄養の知識とドーピング

ドーピングとは、競技力を上げるために、不正に薬物などを使用することをいう。

世界アンチ・ドーピング規程の基本原理のなかに、「ドーピングは、スポーツ精神に根本的に背反するものである」との一文がある。ドーピングは、絶対にやってはならないことだ。

財団法人日本アンチ・ドーピング機構では、ドーピングを禁止する理由を、右ページのように大きく4つに分けて説明している。

この本を読んだアスリートは、ドーピングを考えることもしないはずだ。栄養素は、ドーピング物質ではない。栄養素だけで構成されている食品やサプリメントならば安心して食べたり飲んだりすることができる。しかし、一方で、気づかぬ間にドーピング物質を口にしてしまう恐れもあるのだ。

サプリメントの成分表示チェックは慎重に。少しでも疑念のあるものは絶対に使用しないことが最善の予防策だ

素性の明らかでないサプリメントは使用しない

サプリメントには、栄養素だけでなく漢方薬の成分を含むものがある。また、サプリメントの成分表示欄には、栄養素しか表示されていないが、表示の最後に「など」が記されている場合には、「など」のなかにドーピング物質が含まれる場合もある。国際オリンピック委員会の報告によると無作為にサプリメントを検査した結果、634個のサプリメントや健康食品のうち、約94個(14.8%)に禁止薬物であるステロイド(タンパク同化ホルモン)が検出された。

また、インターネットの普及などで、最近では海外で扱われている商品も簡単に入手できるようになっているが、それは、一方で禁止薬物が含まれたものを使用するリスクも高まったといえる。外国語で記載された成分表示を読めなかったために禁止薬物が含まれていることに気づけなかっり、信頼できる商品であるかどうかの確認がなされないまま使用してしまったりする危険もある。

だからこそ、「素性の明らかでないサプリメントは使用しない」ことが、最善の予防法である。

なお、ドーピング物質、禁止薬物、ドーピング関する情報は、常に更新されているため、いつでも最新のものを持っておく必要がある。「自分には関係ない」と考えずに、定期的に、財団法人日本アンチ・ドーピング機構のホームページ（http://www.anti-doping.or.jp/index.html）にアクセスして、情報収集することを習慣づけよう。

ドーピングを禁止する理由

❶選手自身の健康を害する

ドーピングは薬を使用する方法が一般的ですが、競技能力を高めるために使用される量と頻度は、病気や怪我の治療のために使用されるものとは比べものにならないほど危険だと言われています。本来の想定外の量と頻度で薬を使用することは体を壊してしまう危険性があるためにドーピングは禁止されています。

❷不誠実（アンフェア）

スポーツ界はドーピングに対してはっきりと反対の姿勢を示していますので、大会に参加するにはドーピング禁止規程を守ることが条件です。スポーツ界の参加資格としてみんなが守っている禁止規程を自分だけこっそりと守らないで有利になろうとすることは不誠実です。

❸社会悪

特に一流の選手には青少年に対する役割モデルが期待されています。選手が薬を使って一流になっているとなれば、必ずそれをまねする青少年が出てきます。選手が薬まみれにならなければ、大会に参加したり勝てないようでは、スポーツ文化は間違いなく世間から葬り去られます。

❹スポーツ固有の価値を損ねる

スポーツ固有の価値には、「倫理観、フェアプレー、誠意、健康、優れた競技能力、人格と教育、喜びと楽しみ、チームワーク、献身と真摯な取組み、規則・法規への敬意、自他への敬意、勇敢さ、共同体・連帯意識」があげられ、これらの価値がスポーツの中で、またスポーツを通じて培われると期待されています。決して「優れた競技能力」だけに価値を認めているのではなく、競技能力は多くの価値の中の一つに過ぎません。

いくら世界記録を出したり、良い成績を残したとしても、ドーピングに手を染めた選手は絶対に認めてもらえません。

このようにドーピングは、健康への害、不誠実、社会悪といった「悪」につながるだけでなく、スポーツの価値や意味そのものを「否定」してしまうからこそ禁止されているのです。

（財団法人日本アンチ・ドーピング機構『なぜ「アンチ・ドーピング」なのか』より抜粋）

column

あなどるとコワイ、熱中症

熱中症は、７月の下旬から８月にかけての暑い時に最も多く発生する。しかし、暑い時だけではなく、６月から10月にかけても多く発生し、また寒い時期にも起こる。汗をかいたら、常に熱中症にかかる危険がある、と知っておこう。

日本体育・学校健康センターの資料によると、学校の管理下における児童生徒等の熱中症による死亡事故は、年間平均５件発生しているという。学校以外で行われているスポーツ活動での発生も含めると、その人数はさらに増えると考えられる。実際、熱中症にかかったことのある選手は多く、筆者の経験では、１度熱中症にかかるとクセになり（熱中症は生命の維持に危機的な状況になったことを示すため、１度熱中症になると身体が危険だと考える基準値を下げてしまうと考えられる）、熱中症が競技生活をやめるきっかけになる場合もあるのだ。

また、「屋外での運動は熱中症になりやすいが、屋内ではなりにくい」と考える人も多く見られるが、こうした思い込みが死亡事故につながることもある。「自分や自分のチームだけはならない」という考えは捨てて、熱中症予防の対策を万全にしてから運動するようにしよう。

「熱中症を予防しよう」（独立行政法人日本スポーツ振興センター）には、熱中症による死亡事例が記載されているので、ぜひ一読してほしい。死亡事故を防ぐために、熱中症の正しい知識を習得しておこう。そして、実際に熱中症が疑われる場合は、すぐに処置を行うことが必須だ。

熱中症の予防のために定期的に試してほしいことがある。それは、練習の前後で体重測定をすること。体重の変動が２％以内なら、練習中の給水量は適量であったと考えてよい。

季節の変わり目やとても暑い日、湿度の高い日、風が強い日、練習時間の長い日、試合時など、さまざまな場面で体重を測定して、定期的に給水量を確認しておこう。このように、環境や練習の条件によって給水量がどのように変化するかを把握することはとても重要なのだ。

第 **6** 章

世代別にみるスポーツ栄養の考え方と栄養サポートとのかかわり方

人間の身体やスポーツへのかかわり方は年代によって大きく異なる。
そのため食生活の内容や目的も異なってくる。
ここで説明する世代別の食の注意点を参考にしつつ、
栄養サポートとのかかわり方を考えてみよう。

1 小・中学生（学童）のスポーツと栄養

この時期に注意すべきポイント

- **身体の発育を優先させる生活を**
- **親がしっかりとした判断基準を持つ**
- **食事と運動のバランスを大切に**
- **消化しやすい食べ方を心がける**
- **正しい食習慣を身につける**
- **「三角食べ」で大きくなる**
- **思春期ならではの心の変化を考慮する**

① 身体の発育を優先させる生活を

小・中学時代は競技力の向上よりも、まずは発育・発達を優先させること。土台を作るべきこの時期に無理をさせてしまうと、のちの競技人生に影響を及ぼしかねないので、保護者や指導者は注意が必要である。

身体が未発達なこの時期は、体格や体力の個人差が大きい。そのため、その子の個性や成長度合いに合った食事を考えることが重要になる。

また、ダンスや新体操など、姿態が重視される種目では、つい食事を制限しがち。子どもの頃から食事を制限して「超省エネな身体」（P94参照）を作ってしまうと、思春期に大きな反動が返ってくることもある。くれぐれも、エネルギー摂取量が満たされたバランスのよい食事を心がけてほしい。

② 親がしっかりとした判断基準を持つこと

幼くして才能が花開いた子どもがいると、親はつい自分の子どもと比較しがち。しかし、学童期の競技成績や体格がその後を決めるわけではない。親の価値観が定まっていないと、情報に振り回されたり、食事に対するスタンスがぶれたりしてしまいがち。これによって、必要以上に食べさせて肥満にさせたり、食が細い子どもにサプリメントを与えすぎたりと、過栄養の状態にしてしまうことも起こりうる。まずは親自身が食事に関する判断基準やスタンスを持つことが必要だ。

③ 食事と運動のバランスを大切に

必要な栄養素は食事から摂ることが基本となる。特に学童期には、サプリメントが必要なほど運動をやらせるのは危険。その場合は、練習時間やトレーニング量の見直しをしよう。

学童期は体力や体格の個人差が大きいにもかかわらず、スポーツ少年団やクラブなどでは同じ練習量を求められる。身体が成熟していない子どもは運動のしすぎで疲れきってしまい、食欲がわかなかったり、食事をせずに寝てしまうこともしばしば。すると、身体の発育を妨げるだけでなく、若くしてバーンアウトしてしまう恐れもある。くれぐれも、食事がおいしく食べられる運動量にするよう、食とスポーツのバランスをとろう。

④ 消化しやすい食べ方を心がける

メニューの組み方は、アスリート食の原則（P105）を参考にしよう。ただし、子どもは消化器系の組織や内臓が未発達で、消化がきちんとできず排泄量が多い。親が思っている以上によく食べるのはこのためだ。よく噛んで食べないと消化ができず、消化器官に負担がかかる。また、一度にたくさん口に入れると、口の中がいっぱいになってよく噛めず、すぐに飲み込むことになる。すると消化が悪くなってしまう。

よりよい食生活のためにも、適量を口に運び、しっかりとよく噛んで食べる習慣を、この年代のうちにきちんと身につけておこう。

⑤ 「三角食べ」で大きくなる

「大きくなりたいなら肉を食べろ」と言われて育った大人も多いかもしれないが、これは間違い。身体を大きくしたいなら、穀物をしっかり取らなければならない。しかし、子どもはつい好きなものばかり口にしがち。すると、ほかのさまざまな食材を食べる前に満腹になってしまい食べられなくなってしまう。

それを防ぐために身につけておきたいバランスのよい食べ方、それが「三角食べ」（交互食べともいわれる）である。肉や魚などのおかずをひと口食べたら、ご飯をひと口食べ、サラダを食べ、またおかずを食べて、またご飯を食べる、という要領だ。

子どもの頃に身についた食習慣は、その後も一生ついてまわる。大人になって、そう簡単に変えられるものではないのである。だからこそ、この時期に正しい食習慣が身につくよう、親がしっかりと指導したいものだ。

⑥ 思春期ならではの心の変化を考慮する

中学生になると、自分の身体の変化に敏感になる。大人になりつつある身体に戸惑ったり、なかには嫌悪感を覚えることも。また、食事面でも、それまで好きだったものが嫌いになったり、思い込みで食べ物を選んだりすることがある。

これらは心と身体の両面が変化することによって、バランスがうまくとれず錯綜するために起こるもの。ただし、極端な行動に走る場合でも、本人なりの理由があるはずだ。

親は、こうした思春期ならではの子どもの心の動きを理解し、配慮したい。ただし、過度な食生活の偏りは、貧血などの問題を引き起こすので、正しい食事を摂るよう指導しよう。

睡眠時間はしっかり確保しよう

これは小・中学生だけではなく、一生にわたっていえることだが、成長ホルモンは夜10時から12時くらいに分泌されるといわれている。特にこのピークの時間帯を寝て迎えると、分泌量が増すのである。

成長ホルモンは、さまざまな組織や器官を成長させるだけではなく、新陳代謝を活発に促してくれる。つまり、身体づくりや疲労回復のためには、食事やトレーニングだけではなく、しっかり眠ることが重要なのだ。

筋肉を肥大化させたい、疲労を回復させたい場合は適度な休養をとることが大切だ。また、故障したときや、風邪や貧血の症状があるときも、睡眠をしっかりとることが早期の回復につながる。このように、心と体の健康を維持するためには、睡眠は欠かせない。

栄養素をバランスよくとるための簡単な実践法が「三角食べ」。大人になってからも役に立つので、学童期のうちに習慣にしてしまおう

②高校生のスポーツと栄養

この時期に注意すべきポイント

- 自分で自分の身体に目を向ける
- サプリメントの使用を考える
- 将来を見据えた身体づくりを
- 自己管理で競技力アップを

① 自分で自分の身体に目を向ける

高校生の年代になると、身体もほぼできあがっており、勝利を目指して競技に取り組むようになる。レベルこそ差はあるが、クラブ活動をやっている高校生は、“半プロ”といってよいだろう。しかし、高校生の身体は完成されているわけではないため、過度の運動は故障の原因となる。そうなると、その後の競技生命を失いかねない。

この時期は、自分の身体が求めるものをバランスよく食べることが大切になってくる。しかし、同世代の仲間同士が同じ量の食事や運動をしても、競技力に差は出る。心や身体、技術が成熟し、才能が花開く時期は人それぞれだからである。人と同じでないからと、やみくもに食べて身体を大きくする必要はない。

② サプリメントの使用を考える

高校生になると、体力もついてきて身体がより動くようになり、練習もハードになる。このため、食べる量に追いつかないほどの運動量になることも。そうした場合は、サプリメントの使用を考えてみるのもいいだろう。ただし、正しい知識もなく使うと逆効果になるので、十分に注意を払いたい（第４章　サプリメント参照）。まずは食事から栄養素を摂るという基本は忘れないようにしよう。

③ 将来を見据えた身体づくりを

この時期になると、自分が取り組んでいるスポーツについて、プロになるか、趣味で競技を続けるかなど、将来を見定める必要が出てくる。運動のスキルを身につけるだけでなく、将来を見据えた身体づくりをするためには、栄養や食に関する知識も、きちんと身につけておかなければならない。適切なアドバイスをくれる専門家が身近にいればベストであるが、そういう環境を整えることはなかなか難しいというのが実情だろう。

食事について相談できる人を見つけたり、本などで勉強したりして、自分で正しい知識を身につけることが大切だ。

④ 自己管理で競技力アップを

男女問わず、食べることでストレスを発散しがちなのがこの年代である。また、いい習慣も悪い習慣も高校生の頃に身につくもの。この時期の教育の重要性を、指導者は意識したい。

また、学童期には親が食事を完全に管理できても、高校生になると友だちとの外食が増えていく。自分で自分の身体に意識を向け、どんな食べ物を身体が欲しているかなどを察知する訓練をしよう。

なんでも大人の言う通りにする時期を過ぎたこの年代の競技力は、自己管理力に大きく影響される。食事を含めた自己管理をしっかり身につけよう。

食に関する自分のスタイルを確立する

食事は、アスリート食の原則に基づいて、バランスよく食べることが必要だ。また、胃腸に負担をかけない食べ方を意識したり、消化・吸収がしっかりできるよう休養を取ったりすることも考えなければいけない。

どんなことをどんなタイミングで行えば調子がいいのかは、人それぞれ違うので、自分なりに試行錯誤して自分にベストなスタイルを見つけていきたい。

自然と自分のスタイルを確立できるアスリートもいるが、なかなか自分に合った方法が見つからない場合は、専門家のサポートを得るといいだろう。

3 大学・実業団・プロアスリートのスポーツと栄養

この時期に注意すべきポイント

- 理想と現実のギャップは食事でフォロー
- ボディイメージと長期計画を明確に
- 引退後は食事の内容を変えて

① 理想と現実のギャップは食事でフォロー

エリート集団ともいえる大学・実業団で競技をし、結果を出すためには、より質の高い食生活が重要になってくる。才能だけで競技力を伸ばしていけるのは、25歳くらいまで。それ以降は体力も徐々に落ちていき、自分の理想と現実にギャップが生じる。そのギャップを埋める手段がトレーニングであり、食事なのである。

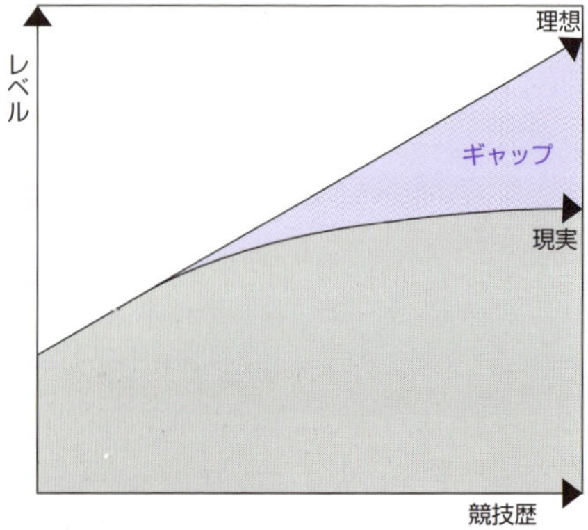

② ボディイメージと長期計画を明確に

実業団選手として、あるいはプロとして競技を続けるのなら、食事や栄養面で専門家のサポートを受けるのが理想的だ。しかし、いくら素晴らしい環境が用意されても、アスリート自身の目的が定まっていなければ、専門家も具体的なアドバイスがしづらい。

まずは、明確に、自分がなりたい身体をイメージしたり、目標を設定したりしよう。その上で、自分の習慣やクセ、食生活のパターンを洗い出してみてほしい。

また、競技を続けていく上で欠かせないのは、長期的な計画を立てること。まずは1年を「試合期」「トレーニング期」「休息期」と期分けし、自分の大まかな競技計画を立ててみることを勧めたい。

すると、いつ、どの時期に、自分がどんな身体でいるべきかが見えてくる。そうすれば、専門家もより綿密な食事計画を組み立てることができるのだ。

③ 引退後は食事の内容を変えて

プロや実業団の選手は、引退後も現役の時と同じような食事をしている人が多い。しかし、アスリート時代は、その競技生活に適した食事をしているもの。運動をしなくなっても現役の頃と同じように食べていれば、当然太ってしまう。それまでの食事は、競技力を維持・向上させるための食事であったことをしっかり理解してほしい。そして、自分が置かれた生活状況と食事内容とを見直し、エネルギー消費量に見合った一般的な食事の量と質に戻すようにしよう。

アルコールとの付き合い方

アルコールを飲んでからの運動は絶対に避けること。また、運動後のアルコールも危険だ。どちらのケースも、運動による脱水症状とアルコールによる脱水症状が同時に起きるからだ。これにより、熱中症や、ひどい場合には脳血管疾患や心筋梗塞などを引き起こす恐れが出てくる。どうしても飲まなくてはいけないときは、運動前中後にしっかり水分補給を行い、食事の際にできる限りアルコール濃度の薄いものを飲むようにして危険を低くするしかない。

身体を鍛えることを目的としたトレーニングに取り組む場合は、心がけることができても、レジャーの一環としてスポーツに取り組んでいるとき、アルコール摂取に対する垣根が低くなるケースが多い。休日のゴルフやスキー、マリンスポーツなどを楽しむ際は、特に気をつけよう。

また、二日酔いのまま運動するのもNG。二日酔いとは、肝臓がまだアルコールを解毒している途中ということ。つまり、脱水症状を起こしている状態なのだ。そんな時に運動すれば、さらに脱水症状が進み、前述のような疾患を招いてしまう。

中・高年のスポーツと栄養

この時期に**注意**すべきポイント

- **競技力向上より健康優先で**
- **「昔取った杵柄」は危険!**
- **年齢に応じて食事内容を見直す**
- **現状や効果を確かめ、急激な変化に対応する**

① 競技力向上より健康優先で

中・高年がスポーツをする上で最も意識すべきなのは、「いつまでも若い時と同じ身体ではない」ということ。健康より競技力が優先されるプロや実業団選手と異なり、中・高年が無理をして競技を優先すると、健康を損ねる恐れもある。無理なトレーニングはせず、エネルギー消費に見合った食生活を心がけるなど、競技と健康と食事のバランスを上手にとろう。

また、体調の変化に敏感になることも必要だ。自分の体調に応じてトレーニングメニューや食生活をコントロールしていこう。例えば、食欲がない時には運動量を減らして食欲を回復させるのか、消化のよいものを食べるのか、自分で判断して選択できるようになろう。

② 「昔取った杵柄」は危険!

若い頃、本格的に運動をしていた人ほど、自分の体力や身体能力に過度な自信を抱きがち。何年も運動していなかった人が運動を再開すると、いきなり若い頃に実施していたようなハードトレーニングをしてしまい、整形外科的な障害を起こしたり、病気に見舞われたりすることも。若い頃にやっていたからといって、身体はすぐには戻らない。現在の身体の状況に合わせてトレーニングをしていくことを意識しよう。

③ 年齢に応じて食事内容を見直す

身体によいといわれるものでも、量とバランスに特に気をつけなければならないのがこの年代だ。卵やチーズなど若い頃にはたくさん食べても問題なかったものも、コレステロール値などを考慮して量を減らしたほうがいいこともある。生活習慣病をもっている人の場合は、注意しなくてはならない食生活のポイントはさらに多くなる。そのため、専門家の指導を仰ぎながら食事と運動を行うほうが望ましい。

サプリメントを取る場合は、正しい知識をもとに、必要なものを必要な量だけ摂ることを心がけよう。健康食品についても「身体にいいから」といって食べすぎると、体内での栄養素のバランスが崩れるので注意したい。

また、エネルギーの消費と摂取のバランスが崩れないようにすることも大切だ。運動しているという安心感から、つい消費した以上のエネルギーを摂取してしまいがち。運動量を冷静に把握し、それに見合った量の食事をしよう。

④ 現状や効果を確かめ、急激な変化に対応する

食事でもトレーニング方法でも、少しずつ試すようにし、ある一定期間で効果を確かめよう。効果がみられないものは、続けるかやめるかを再検討する。自分の身体の変化を敏感に察知し、痛みや違和感があれば記録しておくようにすると、判断材料になるはずだ。

また、定期的に健康診断を受けておくことも強く勧めたい。自分の健康の変化を受け止め、きちんとデータ収集をしておこう。

なぜなら、中・高年は、生き方の差が身体に出る年代。その人の身体の状態によって、栄養指導の内容も全く異なってくるからだ。

その際に目安になるのが健康診断や血液検査の結果なのだ。科学的なデータをもとにした栄養指導を受ければ、急激な身体の変化にも落ち着いて対処できるはずだ。

5 栄養サポートとのかかわり方

栄養サポートは現場に応じて異なる

日本のスポーツの現場は、高校、大学、実業団、プロチームに大きく分けることができる。それぞれに特徴があり、栄養サポートの考え方や管理栄養士の活用は異なる。

小・中・高校や大学は教育現場なので、勝つことだけではなく、クラブ活動を通して人間関係などを学んだり、競技をするために必要な知識を身につけたりと、教育効果も考えなくてはならない。

実業団やプロチームは、勝つことに目標におき、競技成績がお金に直結する世界だ。そのような世界では、「アスリートの健康を第一に考える」ことは残念ながら難しい。「通常では考えられない身体活動量や質をこなす一流選手の身体が、健康な状態を維持できる」と考えているのであれば、その管理栄養士は、選手をサポートする感覚がズレている。

また、健康な状態にするためにたくさんの努力と時間を費やす管理栄養士がいたとしたら、それもまたズレているといえるだろう。選手が日々、練習をするために、よい状態を作り出すための努力をすることが、実業団やプロチームのスポーツ現場における栄養サポート、すなわち管理栄養士の主たる仕事なのである。

長期計画で受けたい栄養サポート

選手や指導者の立場で栄養サポートを導入する際には、1回や2回の指導ではなく、長期的な指導を受けてほしい。試合前の食事など、競技力向上のための指導だけを受けても、日々の食事がよくなければ、意味がないからだ。コンディショニングのためのスポーツ栄養の基礎を確立した上で競技力向上のためのスポーツ栄養を身につけなければ、選手に役立つスポーツ栄養にはならない。それは短期間ではできないことなので、時間をかけて効果的な栄養サポートを受けてほしいのである。

現場で求められる「スポーツ栄養士」

実は、スポーツ界で最も活用が遅れている専門スタッフが、栄養サポートを行う管理栄養士だ。その理由を筆者がお会いしたスポーツ関係者の意見からまとめてみた。

❶スポーツの現場がわかっている管理栄養士がいない

❷選手への指導が、病人への指導を基に構成されていて、ニーズに合っていない

❸教科書に書いてあることしか理解していない

❹講演会には来てくれても、現場には来てくれない

❺管理栄養士ができることは、食事メニューを作るだけだから、いつも必要ではない
❻競技としてスポーツをしたことがない人が多いので、何をサポートするかわかっていない
❼スタッフとしての役割を理解していない
❽何を聞いても、はっきりした答えをくれない
❾まじめすぎて、選手の行動や言っていることが理解できない
❿頼みたくても管理栄養士がどこにいるかわからない

これらを見ると、栄養サポートを頼む場合は、相当に吟味しなくてはならないことがわかるだろう。最近、スポーツ栄養という言葉は一般的に定着してきたが、これを専門にしている管理栄養士は少ないことが現実である。上記の❶〜❿のようなズレのない管理栄養士の育成、「スポーツ栄養士」の養成が、平成20年度から始まるので、期待していてほしい。

栄養サポートの成果は即効性のあるものではないが、継続すれば必ず効果が現れる。栄養指導は長期計画で受けたい

おわりに

現在の私にできることをすべて表したこの本を読んでいただいたアスリート、コーチ、監督、保護者の皆さん、いかがだったでしょうか？　基礎的な章には、わかっていたようで、知らなかったことが、多くありませんでしたか？　「今日からでも活用できる」「今までなぜかわからないでやっていたことがわかった」などなど、お役に立てたならばうれしいです。また、さまざまな食に対する考えを持った皆さんの心に、１つでもグッときたことがあれば、書いた甲斐があります。

栄養スタッフのサポートなしに一生懸命に食事管理をしている多くのアスリートがいることを私は知っています。私が直接会って話ができるアスリートの数には、限りがあります。この本は、食事管理を１人で頑張っているアスリート、食事・栄養に興味を持っているアスリートに栄養サポートなしでも少なくとも食事管理に関して中級以上になれる知識とスキルを提供したつもりです。とにかく、やってみたいと思ったところはやってみてください。そして、その効果を身体で感じてください。さらに、この本に書いてあることをやってみて、もっと自分の身体に合った食事・栄養管理を欲するようになったら、身体の状態に合わせた微調整が必要になったならば、栄養サポートを受けてください。その際、お近くのスポーツ栄養士（今年から認定が始まりますので、実際にお近くに存在するようになるまでには10年くらいかかるかもしれませんが）にご相談ください。

栄養関係者の方が、この本を読んだときにどのように感じたのだろうかと興味があります。スポーツの現場で求められているスポーツ栄養の知識やスキルについて感じ取っていただければ幸いです。

この本のイラスト、かわいいですよね。ニューロック木綿子さん、私の考えにぴったり合ったイラストを、ありがとうございました。

私の大学の後輩でもあるライターの吉田渓さん。理解力の早さ、適確な表現にいつも感心しています。一緒に仕事をするようになって５年、堅苦しい私の原稿をわかりやすく、やさしく仕上げてくださり、ありがとうございました。これからもよろしくお願いしますね。

今まで、私が提出した献立をそのまま作った選手は、１人もいませんでした。参考にはしてくれますが、献立通りはありませんでした。その事実を知ってから、献立をどのように立てたらよいかをアスリート自身に理解してもらい、毎日、バランスのよい献立が立てられ、食べてもらえるほうが手っ取り早いことに気づきました。その理由から、食事のメニューや写真をほとんど載せていないスポーツ栄養学の本になりました。さらに、栄養学の基礎についても網羅した本にしたいという私の考えにもっとも戸惑ったのは、編集していただいたベースボール・マガジン社の児玉育美さんだと思います。教科書ではない栄養の一般書で、献立の写真がほとんどない本は考えられないですよね。全面的に私の意見を尊重してくださりありがとうございました。また、予定通り原稿を仕上げない私をやさしく励まし支援していただいた上に、自画自賛できる本に仕上げていただいたことに感謝します。本当にありがとうございました。

最後に、今まで、私にたくさんの指導とアドバイスをくださった多くの指導者の皆様に感謝の気持ちをこめて、この本を書きました。皆様の選手の育成に役立てていただければうれしいです。また、今までお会いしたアスリートの皆さん、この本は、皆さんにお会いしなかったら存在しませんでした。皆さんに、心より、心より、感謝いたします。

鈴木志保子

さくいん

あ行

か行

さ行

た行

な行

は行

ま行

や行

ら行

参考文献

1)新版コンディショニングのスポーツ栄養学、樋口満編著、市村出版、2007年

2)コンディショニングとパフォーマンス向上のスポーツ栄養学、樋口満編著、市村出版、2001年

3)新看護学 3 専門基礎3、加賀谷肇ら、医学書院、2006年

4)健康・栄養科学シリーズ　応用栄養学、独立行政法人国立健康・栄養研究所監修、南江堂、2005年

5)五訂食品成分表2001、香川芳子監修、女子栄養大学出版部、2001年

6)脱 超省エネな身体!、鈴木志保子、ベースボール・マガジン社、コーチング・クリニック2003年1月号～12月号

7)アスリート食、鈴木志保子、ベールボール・マガジン社、コーチング・クリニック2004年1月号～12月号

8)特集「実践 スポーツ食」身体の声と食材選びから考える献立作成のテクニック、鈴木志保子、ベースボール・マガジン社、コーチング・クリニック2003年7月号

9)特集「スプリント持久力」アスリートのための持久力アップの栄養学、鈴木志保子、ベースボール・マガジン社、コーチング・クリニック2004年8月号

10) 系統看護学講座 専門基礎分野 3栄養学(第10版)、鈴木志保子ら、医学書院、2005年

11)標準看護学講座 第4巻「栄養学」、津田とみ、金原出版、1998年

12)(財)日本体育協会スポーツ医・科学専門委員会監修:樋口満編著、アスリートの栄養・食事ガイド、第一出版, 2006年

13) 厚生労働省策定　日本人の食事摂取基準[2005年版], 第一出版, 2005年

14) 厚生労働省　健康づくりのための運動指針エクササイズガイド2006報告書、2006年

15)宮下充正:NHK市民大学 トレーニングを科学する. 日本放送出版協会, 1988年

16) Ahlborg G, et al.: Substrate Turnover during prolonged exercise in man. Splanchnic and leg metabolism of glucose, free fatty acids, amd amino acids. J Clin Invest. 53, 1080-1090, 1974.

17) Anders H, et al.: The 24-h whole body leucine and urea kinetics at normal and high protein intakes with exercise in healthy adults, Am J Physiol Endocrinol Metab. 275, E310-E320, 1998.

18) Babij P, et al.: Changes in blood ammonia, lactate and amino acids in relation to workload during bicycle ergometer exercise in man. Eur J Appl Physiol Occup Physiol. 50(3), 405-11, 1983.

19) Bergström J, et al.: Diet, muscle glycogen and physical performance. Acta Physiol Scand. 71(2), 140-150, 1967.

20) Biolo G, et al.: Insulin action on muscle protein kinetics and amino acid transport during recovery after resistance exercise. Diabetes. 48(5), 949-957. 1999.

21) Blom PC, et al.: Effect of different post-exercise sugar diets on the rate of muscle glycogen synthesis.Med Sci Sports Exerc. 19(5), 491-496, 1987.

22) Brown RC, Cox CM: Effects of high fat versus high carbohydrate diets on plasma lipids and lipoproteins in endurance athletes. Med Sci Sports Exerc. 30(12), 1677-1683, 1998.

23) Burke LM, et al.: Carbohydrates and fat for training and recovery. J Sports Sci. 22(1), 15-30, 2004.

24) Burke LM, et al.: Muscle glycogen storage after prolonged exercise: effect of the frequency of carbohydrate feedings. Am J Clin Nutr. 64(1), 115-119, 1996.

25) Burke LM, et al.: Effect of coingestion of fat and protein with carbohydrate feedings on muscle glycogen storage. J Appl Physiol. 78(6), 2187-2192, 1995.

26) Haralambie G, Berg A.: Serum urea and amino nitrogen changes with exercise duration、Eur J Appl Physiol Occup Physiol. 6;36(1), 39-48, 1976.

27) Ivy JL, et al.: Muscle glycogen synthesis after exercise: effect of time of carbohydrate ingestion. J Appl Physiol. 64(4), 1480-1485, 1988.

28) Kiens B, Richter EA.: Types of carbohydrate in an ordinary diet affect insulin action and muscle substrates in humans. Am J Clin Nutr. 63(1), 47-53, 1996.

29) National Research Council, Recommended Dietary Allowance, 10th ed. Washington, DC: National Academy press. 1989.

30) Lemon PW, et al.: Protein requirements and muscle mass/strength changes during intensive training in novice bodybuilders. J Appl Physiol. 73(2), 767-775, 1992.

31) Louise Burke, et al.: Clinical Sports Nutrition, Chapter4, p79, McGraw-Hill Australia. 2006.

32) Phillips SM, et al.: Mixed muscle protein synthesis and breakdown after resistance exercise in humans. Am J Physiol. 273(1 Pt 1), E99-107, 1997.

33) Saitoh S, et al.: Enhanced glycogen repletion in liver and skeletal muscle with citrate orally fed after exhaustive treadmill running and swimming. J Nutr Sci Vitaminol. 29(1), 45-52, 1983.

34) Saltin B, Karlsson J.: Muscle glycogen utilization during work of different intensities. Pemow B, and B Saltine ed., In muscle metabolism during exercise. Plenum Press, New York, USA, 289-305, 1971.

35) Scott McKenzie, et al.: Endurance exercise training attenuates leucine oxidation and BCOAD activation during exercise in humans, Am J Physiol Endocrinol Metab. 278: E580-E587, 2000.

36) Tarnopolsky MA, et al.: Gender differences in carbohydrate loading are related to energy intake. J Appl Physiol. 91(1), 225-230, 2001.

37) Tarnopolsky MA, et al.: Valuation of protein requirements for trained strength athletes. J Appl Physiol. 73(5), 1986-1995, 1992.

38) Tarnopolsky MA, et al.: Influence of protein intake and training status on nitrogen balance and lean body mass. J Appl Physiol. 64(1), 187-193, 1988.

39) Zawadzki KM, et al.: Carbohydrate-protein complex increases the rate of muscle glycogen storage after exercise. J Appl Physiol. 72, 1854-1859, 1992.

鈴木志保子●すずき・しほこ

1965年生まれ、東京都出身。神奈川県立保健福祉大学保健福祉学部栄養学科准教授。管理栄養士。実践女子大学卒業後、同大学院修了。国立健康・栄養研究所研修生を経て東海大学大学院医学研究科を修了し、博士(医学)を取得。全日本女子ソフトボール代表チーム、京都産業大学陸上競技部中・長距離ブロックなどのトップアスリートからジュニアアスリートまで多数のスポーツ現場で栄養サポートや指導を行うほか、(財)日本体育協会、日本プロゴルフ協会、日本女子プロゴルフ協会、スポーツ医科学センターが実施する講演などを全国で行っている。また、NPO法人日本スポーツ栄養研究会副会長、厚生労働省「運動所要量・運動指針の策定検討会」「標準的な健診・保健指導のあり方に関する検討会」、独立行政法人　日本スポーツ振興センター「平成17年度児童生徒の食生活実態調査委員会」などの委員も務め、健康増進やメタボリックシンドロームの予防・改善、子どもの発育・発達についても研究や指導を行っている。

基礎から学ぶ！ スポーツ栄養学

2008年5月26日　第1版第1刷

著　者　鈴木志保子
発行人　池田哲雄

発行所　株式会社ベースボール・マガジン社
〒101-8381
東京都千代田区三崎町3-10-10
電話 03-3238-0181（販売部）
03-3238-0285（出版部）
振替 00180-6-46620
http://www.sportsclick.jp/

印刷・製本　凸版印刷株式会社

Printed in Japan
ISBN978-4-583-10069-2 C2075